Unnützes Wissen

Lustige Fakten, skurrile Gesetze und vieles mehr!

von Felix Becker

Unnützes Wissen
Lustige Fakten, skurrile Gesetze und vieles mehr!

1. Auflage 2020

Vorwort

Gut zu wissen: Zwingt dich ein Dieb Geld abzuheben, tippe deine Geheimnummer verkehrt herum ein. Dann wird automatisch die Polizei alarmiert.

Wusstest du, dass es in Costa Rica keine Adressen gibt? Wenn du einem Freund aus Costa Rica einen Brief schicken möchtest, beschreibe einfach die Gegend in der er wohnt!

Emanzipiertes Amerika? Weit gefehlt! Laut einem alten Gesetz dürfen Frauen in Memphis nur dann Autofahren, wenn ein Mann mit einer roten Fahne vor dem Auto herläuft um andere Verkehrsteilnehmer zu warnen.

Da haben es Frauen in Detroit besser: Männer

dürfen dort nämlich ihre Frau nicht böse ansehen, zumindest nicht an einem Sonntag.

In Kambodscha kommen Marihuana-Liebhaber voll auf ihre Kosten. Wenn du dort eine „Happy-Pizza“ bestellst, erhältst du eine Pizza mit ganz „besonderem“ Belag. ;-)

Nur Zufall? Aus den Buchstaben des Wortes „Regierung“ kann man die Wörter „Genug Irre“ bilden.

Wenn dich diese 6 Fakten zum Staunen oder Lachen gebracht haben, haben wir in diesem Buch noch 995 weitere für dich zusammengetragen!

Wir haben die Fakten dafür übersichtlich in verschiedene Themenbereiche gegliedert.

Als Bonus findest du am Ende des Buches 100 Scherz- und Fangfragen!

INHALT

Allgemeinwissen

Hast du eine gute Allgemeinbildung? Die folgenden Fakten fehlen dir bestimmt noch, um mit deinem Allgemeinwissen glänzen zu können!

1. Wenn Pinocchio sagt, „Meine Nase wächst!“, ist das ein Widerspruch mit dem Namen „Lügner-Paradox“.
2. Wer viel fern sieht, senkt seine Sperma-Produktion um gut die Hälfte.
3. Die Queen Mary hat eine eigene Brauerei an Bord.
4. Das menschliche Auge kann in einer klaren Nacht ein Streichholz brennen sehen, das in 50 Meilen (80,47 km) Entfernung angezündet wird.

5. London liegt südlicher als Berlin.

6. „Me at the zoo" ist der Name des ersten YouTube-Videos aller Zeiten. Es wurde vor über 11 Jahren hochgeladen.
7. Der Name „Kanada" beruht auf einem Irrtum seines Entdeckers Cartier. Einheimische luden ihn in ihr „Kanata" ein, was so viel wie „Dorf" bedeutet. Cartier dachte, es sei das ganze Land gemeint.
8. In Europa gibt es keine einzige Wüste. Es ist der einzige Kontinent, auf den das zutrifft.
9. Auf Facebook gibt es circa 125 Milliarden Freundschaften.
10. Die Angst vor Löchern heißt Trypophobie.
11. Schüler mit schlechten Noten haben im späteren Leben mehr Erfolg als Schüler mit guten Noten.
12. Heißes Wasser löscht Feuer besser als kaltes Wasser.
13. Der 01.01.3000 wird ein Mittwoch sein.
14. Opak ist das Gegenteil von transparent.
15. Die Lottokugeln sind gewöhnliche, bemalte Tischtennisbälle.
16. Adermatoglyphie ist eine genetische Störung, bei der der Betroffene keine Papillarleisten an Hand- und Fußsohlen hat und somit keinen Fingerabdruck hinterlässt.
17. Im Jahr 2006 legten Wissenschaftler offiziell fest, dass das Huhn zuerst da war, nicht das Ei.
18. Nicht etwa das Streichholz, sondern das Feuerzeug

wurde zuerst erfunden.

19. „Vileda" soll sich „wie Leder" sprechen, da die Putztücher so gut sind wie Leder.
20. Wenn du die Vorwahl 6721 wählst, landest du in der Arktis.
21. 0,5 Prozent aller Hauskatzen ist allergisch gegen menschliche Haare und Hautschuppen.
22. Frauen weinen fünfmal so oft wie Männer, und zwar meist zwischen 19 und 21 Uhr.
23. 80 % des weltweit produzierten Kokains zu Beginn der 80er-Jahre gehen auf Pablo Escobar zurück.
24. Das untere Ende des Apfels nennt man Apfelkelch.
25. Gebärdensprache ist auf der Welt nicht einheitlich, sodass sich Amerikaner und Briten hierin nur schwer verständigen können.
26. Die Nationalflagge von Jamaika enthält als einzige der Erde nicht die Farben Rot, Weiß oder Blau. Sie ist grün, schwarz und gelb.
27. Wenn man von einer Person ignoriert wird, deren Aufmerksamkeit wichtig ist, reagiert das Gehirn genauso, wie auf körperliche Schmerzen.
28. Das Wappen von Mecklenburg-Vorpommern zeigt einen Stier, der dir die Zunge herausstreckt.
29. Im Weltall sind Kerzenflammen kugelförmig.
30. Die Entwicklung von Fingern und Geschlechtsorganen wird vom gleichen Gen gesteuert.

31. Ein Kaffeebaum erbringt jährlich 1 Kilo Kaffee.

32. Die Firma AEG hat 1908 den Namen „Fön“ als Wortmarke eingetragen. Alle anderen Haartrockner heißen „Föhn“ oder einfach Haartrockner.
33. 336 Einkerbungen hat ein originaler Golfball.
34. Es ist nachgewiesen, dass romantische Musik beim Flirten hilft.
35. Die Summe aller Zahlen von 1 bis 100 ist 5050.
36. Nicht etwa in der Türkei, sondern in Berlin wurde der Döner Kebab erfunden.
37. Wenn ein Monat mit einem Sonntag beginnt, hat er immer einen Freitag den 13.
38. Das Wort „Flummi“ setzt sich aus „fliegender Gummi“ zusammen, genauso wie das englische Synonym „Flubber“ aus „Flying Rubber“ besteht.
39. Bis ins 17. Jahrhundert trugen Männer „High Heels“ um größer zu wirken. Als dies von Frauen gemacht wurde, um männlicher zu wirken, ließen Männer es wieder sein, um nicht weiblich zu wirken.
40. Der Delfin hat mit 252 Stück die meisten Zähne im Tierreich.
41. Früher hieß der Zebrastreifen „Dickstrichkette“.
42. Die reichsten acht Männer der Erde besitzen so viel Geld wie die komplette arme Hälfte der Weltbevölkerung.
43. 1977 wurden in Frankreich noch Menschen durch die Guillotine hingerichtet. Zu dieser Zeit lief schon

Star Wars in den Kinos.

44. Die kürzeste Autobahn der Welt, die A862, verband Frankreich mit Deutschland und war 400 Meter lang.
45. Die alten Ägypter kannten zur Zeit des Baus der Pyramiden bereits das Rad. Doch es kam hierfür nicht zum Einsatz. Die Lasten wurden gezogen.
46. 11 % der Menschen sind Linkshänder.
47. Es gibt Regenbögen bei Nacht. Man nennt sie Mondbögen.
48. Du brauchst 40 Minuten, um ein Straußenei hart zu kochen.
49. Die meisten Pyramiden der Erde stehen nicht in Ägypten, sondern im Sudan.
50. Kondome wurden schon zu Beginn des 16. Jahrhunderts erfunden.

Tiere

Bei einem Blick ins Tierreich merken wir, dass wir recht wenig Ahnung von den Mitlebewesen auf unserem Planeten haben.

1. Kraken besitzen zusätzlich zu ihren acht Armen noch ein weiteres Armpaar, haben also zehn Arme. Bei den männlichen Tieren wandelt sich einer der acht Arme zu einer Art Penis um. Noch dazu haben Kraken drei Herzen und ein Gehirn, das wie ein großes Internet bis in die Spitzen der Arme ausgebreitet ist.
2. Um besser tauchen zu können, schlucken Krokodile manchmal Steine.
3. Babyspinnen nennt man Spiderlinge.

4. Eichhörnchen adoptieren Eichhörnchen-Babys, die ihre Mutter verloren haben.
5. Wenn Maulwürfe einen Tag lang nichts essen, dann sterben sie.
6. Eintagsfliegen essen nicht.
7. Die weiblichen Adeliepinguine verlangen für Sex Kieselsteine, um ein Nest zu bauen.
8. Koalas, Affen und Menschen sind die einzigen Lebewesen auf der Erde mit individuellem Fingerabdruck.
9. Ameisen können 16 Jahre lang leben.
10. Das 850-fache seines Gewichts kann der Rhinozeros-Käfer tragen und ist somit das stärkste Tier der Erde.
11. Alle Marienkäfer sind direkt nach ihrer Geburt gelb.
12. Giraffen haben wie wir Menschen 7 Halswirbel.
13. Der mikroskopisch kleine Wasserbär, der seinen Namen aufgrund der Ähnlichkeit zu Bären erhielt, kann komplett austrocknen und durch die Zugabe von Wasser sogar nach Jahrzehnten wieder zum Leben erweckt werden.
14. Der Nacktmull baut Gänge im afrikanischen Steppensand und frisst sich mit seinen beiden langen Oberkieferzähnen gern von unten in ein schlafendes Kamel. Da er viele Bakterien im Speichel hat, stirbt das Kamel zumeist.

15. Neugeborene Pandas sind winzig. Sie wiegen bei der Geburt 90 – 130 g, wobei die Mutter 75 – 160 Kilogramm wiegen kann. Dies ist der größte Größenunterschied zwischen Muttertier und Kind bei allen Säugetieren. Ein kleiner Panda ist ungefähr viermal so groß wie eine Weinbergschnecke.
16. Weinbergschnecken kriechen ungefähr 3 Meter am Tag und können bis zu 30 Jahre alt werden. Sie kriechen in diesem 30-jährigen Leben gerade mal 33 km weit.
17. Der schnellste Vogel der Welt, der Graukopfalbatros, benötigt für die Strecke von 33 km mit 127 km/h gerade einmal eine Viertelstunde.
18. Küchenschaben zählen zu den frühesten Lebewesen. Sie sind älter als die Dinosaurier.
19. Schmetterlinge haben 12.000 Augen und sehen Farben, die kein Mensch jemals sehen kann.
20. Eine Auster kann ihr Geschlecht ändern. Tatsächlich tun Austern dies mehrmals im Leben.
21. Kellerasseln gehören zu den Krebsen.
22. Erwachsene Eisbären haben eine kohlrabenschwarze Haut unter dem weißen Pelz.
23. Hunde riechen Krankheiten wie Krebs oder Diabetes mit ihrer feinen Nase.
24. Der Geruchssinn von Hunden ist 10.000-mal besser

als der des Menschen.

25. Mücken haben 47 Zähne an ihren Mandibeln, den Stechorganen. Diese helfen dabei, die Haut zu durchbohren und sind messerscharf.
26. Die faulsten Tiere der Erde sind nicht die Faultiere, sondern Koalas. Sie schlafen 22 Stunden am Tag.
27. Die nächsten noch lebenden verwandten von T-Rex sind der Strauß und das Huhn.
28. Pinguine können knapp 2 Meter hoch in die Luft springen.
29. Die Zunge einer Giraffe ist so lang, dass sie sich die eigenen Ohren auslecken kann.
30. Die Haut eines Nilpferds ist nahezu kugelsicher.
31. Ein Seestern besitzt kein Gehirn.
32. Manche Schlangen schlafen drei Jahre am Stück.
33. Der Stich einer Seewespe tötet dich innerhalb von Minuten. Eine Seewespe ist eine Qualle und lebt an der Küste Nordaustraliens.
34. Die Mehrzahl von Oktopus ist Oktopoden.
35. Manche männlichen Spinnen haben ihr Sexualorgan am Ende eines Beines.
36. Otter haben Hauttaschen, in denen sie Futter verstecken und mitnehmen können.
37. Hühner und Tauben nicken, um räumlich sehen zu können. Da ihre Augen zu weit seitlich liegen, um ein gemeinsames Bild zu sehen, brauchen sie diesen Trick, der in ihrem Gehirn ein räumliches Bild der Umgebung erzeugt.

38. Das Taubenweibchen kann allein keine Eier legen, sie braucht den Sichtkontakt zu Artgenossen.
39. Mäuse haben mehr Knochen als Menschen, nämlich 225. Der Mensch hat nur 206.
40. Faultiere schlafen circa 15 Stunden am Tag. Sie sind die langsamsten Säugetiere der Erde und bewegen sich am Tag nur wenige Meter im Geäst von Bäumen, um Blätter zu fressen.
41. Montana-Bergziegen hauen ihre Köpfe so stark zusammen, dass ihre Hufe abfallen können.
42. Der Kaiseradler hat eine Flügelspannweite von über zwei Metern und ist der größte heute lebende Vogel.
43. Der Luchs hört Mäuse auf eine Entfernung von 50 Metern.
44. Eine Austernart der Karibik kann Bäume hochklettern.
45. Der Schwertwal oder Orca hat keine natürlichen Feinde, bekommt jedoch aufgrund von Umweltverschmutzung, Lärm und Klimawandel immer weniger Nachwuchs.
46. Blauwalherzen sind so groß wie ein VW Käfer.
47. Der Puma kann mit einem Satz 18 Meter weit springen.
48. In einer Nacht kann ein Maulwurf einen 75 Meter langen Tunnel graben.
49. In Madagaskar lebt eine Spinnenart, deren Netze

bis zu 25 Meter weit sind.

50. Otterpärchen halten Händchen, um beim Ausruhen nicht auseinander zu treiben.
51. Der Nasenabdruck eines jeden Hundes ist so einzigartig wie der menschliche Fingerabdruck.
52. Kühe hegen Freundschaften zu anderen Kühen und reagieren panisch, wenn sie getrennt werden.
53. Stabheuschrecken haben zehn Wochen lang Sex.
54. Das in der Fachsprache als Sexualparasitismus bekannte Phänomen, dass das Männchen sich am Weibchen festbeißt, anwächst und wie ein Embryo mit ernährt wird, ist für Tiefseefische spezifisch. Ein Männchen ist nicht genug? Forscher fanden weibliche Exemplare mit bis zu acht festgewachsenen männlichen Tieren, die sterben, wenn das Weibchen stirbt. Mit einer Körpergröße von bis zu 1,2 Metern und ihren großen Mäulern sind sie wahre Monster. Jedoch werden nur die Weibchen so groß. Die männlichen Tiere werden bloß einige Zentimeter lang.
55. Walrosse schlafen senkrecht stehend im Wasser. Sie besitzen Luftsäcke am Hals, sodass der Kopf dabei aus dem Wasser schaut.
56. Männliche Hundewelpen lassen weibliche Spielpartner fast immer gewinnen.
57. Schneidet man dem Axolotl ein Bein ab, so wächst es nach. Entnimmt man ihm ein inneres Organ –

wächst es nach! Darum werden Axolotls bei der Krebsforschung eingesetzt.

58. Fred hieß der älteste, bekannte Goldfisch. Er wurde 41 Jahre alt.
59. Im Jahr 2012 wurde die Manhattan Ant entdeckt, eine neue Ameisenart in New York City.
60. Mit 150 Jahren erreicht der Grönlandhai seine Geschlechtsreife. Er wird bis zu 500 Jahre alt und ist das langlebigste Wirbeltier der Erde.
61. Die größte Spinne der Erde lebt in Australien. Sie wird zumeist 25–30 cm lang; 2017 wurde ein Exemplar mit 40 cm Spannweite entdeckt.
62. Für Schimpansen hat die Steinzeit begonnen! Erste Tiere benutzen Steine, um Früchte zu öffnen.
63. Während sie Musik hören, geben Kühe mehr Milch.
64. Der Kot von Wombats hat die Form von Würfeln.
65. Das Auge des Straußes ist größer als sein Gehirn.
66. Die gelbe Haarqualle ist mit 37 Metern Länge sogar länger als ein Blauwal.
67. Um mehr Essen von den Tierpflegern zu bekommen, täuschen Pandas manchmal eine Schwangerschaft vor.
68. Tiger haben gestreiftes Fell. Sogar die Haut darunter ist gestreift.
69. Katzen können Zucker nicht schmecken.
70. Ein Elefant kann nicht hüpfen.
71. Haie können nicht an Krebs erkranken.

72. Wenn Hunde Angst haben, rennen sie zu ihrem Herrchen. Alle anderen Tiere rennen bei Furcht weg.
73. Die Geschmacksrezeptoren von Schmetterlingen sind in deren Füßen.
74. Haie haben keine Öffnung zum Wasser lassen. Sie pinkeln durch ihre Haut.
75. Wenn Flusspferde verärgert sind, färbt sich ihr Schweiß rot.
76. Das Leben einer Libelle dauert 24 Stunden.
77. Weibliche Stinktiere können bei Nahrungsknappheit die Entwicklung ihres Embryos verzögern, um so die Schwangerschaft zu verlängern.
78. Wenn Hummeln im Sommer zu wenig Blüten finden, bedienen sie sich eines Tricks. Sie fressen Löcher in die Blätter der blütenlosen Pflanzen und kurbeln so das Blütenwachstum an. Die Pflanzen blühen dann schneller – warum ist noch unbekannt.
79. Der älteste Baum der Erde steht in Kalifornien und ist 5026 Jahre alt. Es ist eine langlebige Kiefer.
80. Goldfische können sich bloß 3 Sekunden zurückerinnern.
81. Eine Herde Krähen wird in der Jägersprache „Mörder“ genannt.
82. Frösche können sich erbrechen. Sie erbrechen den

gesamten Magen, entfernen mit den Vorderfüßen den Inhalt und schlucken den Magen dann wieder runter.

83. Weiße Haie kann man mit Death-Metal-Musik anlocken.
84. Gestresste Koalas bekommen Schluckauf.
85. Delfine haben Namen füreinander. Sie rufen sich gegenseitig mit verschiedenen Pfiffen.
86. Seepferdchen gehen lebenslange Partnerschaften ein und sind die einzige Tierart, in der das Männchen die Jungen austrägt.
87. Würmer kommunizieren Wissenschaftlern zufolge durch Kuscheln.
88. Makaken, die in Asien vorkommen, stehlen Menschen in Tierparks oft Münzen, um sich selbst am Futterautomaten zu bedienen.
89. Fast alle Giraffen sind bisexuell.
90. Wenn Stockenten schlafen, bleiben ein Auge und eine Gehirnhälfte aktiv, um Feinde zu erkennen.
91. Der Penis von Ameisenigeln ist an der Spitze viergeteilt.
92. Grauwale paaren sich immer zu dritt.
93. Hummeln können rückwärts fliegen. Das kann kein anderes Insekt.
94. Liger sind die Kreuzung zwischen Tiger und Löwe und die größten Raubkatzen. Sie können bis zu 3,5 Meter lang werden.

95. 20% aller Pinguine sind homosexuell.
96. Ungefähr so groß wie ein Hase ist auch der Pudu, die kleinste Hirschart der Erde.

Natur

Unsere Natur ist unglaublich faszinierend, aber manchmal auch etwas skurril...

1. Babys können nur in den ersten drei Monaten gleichzeitig schlucken und atmen.
2. Salz hat nur Geschmack – keinen Geruch.
3. 10 Kilometer Baumwollfaden werden in einem einzigen T-Shirt verwebt. Schon 3000 vor Christus war die Baumwolle in Südamerika bekannt und diente zum Herstellen von Kleidung.
4. Der Mashu-See in Japan ist der klarste See der Welt. Die Sicht reicht 42 Meter in die Tiefe.
5. Kamelhöcker speichern nicht etwa Wasser, sondern Fett.

6. Bloß an einem Ende ist die Zunge befestigt. Anders als alle anderen Muskeln im menschlichen Körper.
7. Inuit sind die Ureinwohner der Arktis. Die Einzahl von Inuit ist Inuk. Das heißt in ihrer Sprach „Mensch“.
8. Ein Biologe schrieb im Internet einen Aufruf, demjenigen, der ihm die Existenz von Maserviren belegt, 100.000 Euro zu zahlen. Als Nachweis und Kontonummer eines anderen Biologen kamen, zahlte er nicht. Das Ravensburger Landgericht entschied, dass er dennoch zahlen muss.
9. Den längsten Penis der Welt hat Jonah Falcon. Er misst 35 Zentimeter.
10. Rund 20.000 verschiedene Apfelsorten gibt es auf der Erde. Die meisten werden nicht großflächig angebaut und in Deutschland sind es ungefähr 70 verschiedene Sorten.
11. Mütter küssen ihr Neugeborenes. Dadurch nehmen sie Bakterien auf, gegen die in der Muttermilch Antikörper gebildet werden.
12. Ein durchschnittlicher Weihnachtsbaum von 1,64 Metern hat 178.333 Nadeln.
13. Enten haben verschiedene Akzente, wie wir Menschen.
14. Es leben mehr Papageien als Haustiere, als in freier Natur.

15. Herzen von Frauen schlagen schneller als die von Männern.
16. Korallen sind menschlichen Knochen sehr ähnlich und werden schon zur Behandlung von Knochenbrüchen eingesetzt.
17. Der Ruf eines Blauwals kann noch in 600 Kilometern Entfernung gehört werden. Somit ist der Blauwal das lauteste Tier der Erde.
18. Circa 200 Liter Wasser reinigt und filtert eine Auster täglich.
19. Auf Standard-Weltkarten wird Afrika immer zu klein dargestellt. Es würden China, die USA und Westeuropa flächenmäßig hineinpassen.
20. Der Mond dreht sich bei einer Erdumkreisung genau einmal um seine eigene Achse und zeigt somit der Erde immer nur eine Seite.
21. Du kannst dich nicht selbst am Ellenbogen lecken.
22. Bis zum 4. Monat weinen Babys ohne Tränen.
23. Krokodile können mit ihrem Maul 1.300 Kilogramm Druck ausüben. Weiße Haie 900 Kilogramm, wir Menschen circa 60 Kilogramm.
24. Der rechte Lungenflügel ist größer und kann somit mehr Luft aufnehmen.
25. Bis zu 15 Liter Schweiß verliert ein schwer arbeitender Erwachsener am Tag.
26. Wenn Enten quaken, gibt es kein Echo.
27. Die Ananas wächst nah am Boden auf einem Stiel.

28. Blitze können bis zu 32 Kilometer lang werden.
29. 14 Milliarden Kilo Schnee und Regen fallen in jeder Sekunde auf die Erde hinab.
30. Achtzig Prozent aller aktiven Vulkane befinden sich unter Wasser.
31. Fast 3 % des antarktischen Eises bestehen aus Pinguinurin.
32. Regentropfen fallen durchschnittlich mit einer Geschwindigkeit von 35 km/h.
33. So viel wie zwei Elefanten, nämlich 10.000 Kilo, wiegt eine mittelgroße Schönwetterwolke – 100 mal 100 Meter dick und circa einen Kilometer lang ist sie.
34. Die Bärte von Blondhaarigen wachsen schneller als die von Schwarzhaarigen.
35. Wenn eine Termite Rockmusik hört, frisst sie sich doppelt so schnell durch einen Baum.
36. Der Körper eines Menschen besitzt über 60 Kilometer an Nerven.
37. Auf der Tagseite des Merkur ist es 600 Grad wärmer als auf der Nachtseite.
38. Etwa das gleiche Volumen wie der Pazifik hat der Mond.
39. Man hustet mit einer Geschwindigkeit von mehr als etwa 100 km/h.
40. Mücken werden stärker von Menschen angezogen, die gerade eine Banane gegessen haben.

41. In den 1980ern entdeckte man eine Kröte, die nicht quakt, sondern miaut.
42. Giraffen halten es länger ohne Wasser aus als Kamele.
43. Das Wasser, das du trinkst, ist drei Milliarden Jahre alt.
44. Neandertaler hatten größere Gehirne als wir heutigen Menschen.
45. Die größte Wüste der Erde ist die Antarktis.
46. Die größte, jemals fotografierte Schneeflocke hatte einen Durchmesser von 38 Zentimetern.
47. Männliche Fruchtfliegen trinken mehr Alkohol, wenn sie keinen Erfolg beim Weibchen haben.
48. Der letzte Dodo-Vogel starb 1681.
49. Zehnmal mehr Bakterien als Körperzellen leben im Körper eines Erwachsenen.
50. In deinem Mund leben mehr Bakterien, als Menschen auf der Erde.
51. Menschen sind biolumineszent. Wir leuchten – bloß zu schwach, um es mit menschlichem Auge wahrzunehmen.
52. Die Titanoboa, die vor Millionen Jahren im südamerikanischen Regenwald lebte, war 14 Meter lang und wog 1,2 Tonnen.
53. Circa 21 Sekunden brauchen Säugetiere, um ihre Blase zu entleeren. In der Wissenschaft spricht man vom „Gesetz des Urinierens“.

54. Der Pazifik ist weniger salzig als der Atlantik.
55. Lediglich sechs der 100 ältesten Menschen sind männlich.
56. Paricutín, der jüngste Vulkan der Erde, entstand am 20. Februar 1943. Mexikaner hatten auf einem Maisfeld ein „Plopp" gehört. Einen Tag später war der Vulkan 50 Meter hoch und ein Jahr später bereits 336 Meter. Bis heute spuckt der Vulkan Lava.
57. Eine Studie ergab, dass Menschen mit geringerem IQ häufiger homophob und rassistisch sind als Menschen mit höherem IQ.
58. Die wenigsten Menschen haben im Februar Geburtstag.
59. Die Kreuzung aus Pferd und Zebra nennt sich „Zorse".
60. Die breitere Seite der Baumringe eines Baumstammes zeigt immer nach Süden.
61. Zwei Drittel aller Menschen auf der Erde haben noch nie in ihrem Leben Schnee gesehen.
62. Pro Sekunde bewegt sich ein Kolibri 400 Mal so weit, wie er groß ist. Ein Mensch müsste, um Gleiches zu leisten, mit 2500 km/h rennen.
63. Haie existieren auf der Erde bereits länger als Bäume.
64. Sogar bei -20 °C friert der Deep Lake in der Antarktis nicht zu, da er sehr salzig ist.

65. Der Biss einer brasilianischen Wanderspinne kann bei Männern eine langanhaltende und qualvolle Erektion hervorrufen.
66. So wie Menschenkinder gern am Daumen lutschen, lutschen Elefantenbabys gern an ihrem Rüssel.
67. Stalagnaten sind die Verbindung von Stalagmit und Stalaktit, die zusammen gewachsen sind.
68. Der „Point Nemo“ ist der Ort im Pazifik, der am weitesten von einer Insel oder dem Festland entfernt ist. Mit 2688 Kilometern sind sogar die Astronauten der ISS näher am Point Nemo als jeder andere Mensch.
69. In Japan gibt es einen Zoo, der kleine Löcher im Ottergehege hat. So kann man den Tieren die Hand geben.
70. In der Atacama-Wüste in Chile fällt weniger Regen als überall sonst auf der Erde. Nämlich nur 1 Millimeter pro Jahr.
71. Die längsten Wellen gibt es in Peru. Sie können bis zu 4 Kilometer lang sein.
72. Bei über 1500 Tierarten wurde bis heute Homosexualität festgestellt. Dies ist also ganz und gar nicht unnatürlich.
73. Circus Roncalli ist der erste Zirkus der Welt, der Tiere durch Hologramme ersetzte, um der Tierquälerei ein Ende zu bereiten.

74. Alle Ameisen zusammen wiegen genauso viel wie alle Menschen auf der Erde.
75. Es gibt bloß auf Island, Grönland und der Antarktis keine Ameisen.
76. Beim Niesen kannst du deine Augen nicht offenlassen.
77. Wenn es windig ist, ist es wahrscheinlicher, von einer Biene gestochen zu werden.
78. Wenn ein Gorilla dir die Zunge rausstreckt, heißt das, dass er ärgerlich ist.
79. Die Blätter der Skelettblume werden transparent, wenn es auf sie regnet.
80. Es gibt über 1,5 Millionen bekannte, lebende Tierarten auf der Erde.
81. Man hat die Gehirnströme von Elefanten gemessen und herausgefunden, dass diese mit unseren vergleichbar sind, wenn wir Katzenbabys sehen. Elefanten finden Menschen niedlich.
82. Circa zwei von drei Menschen, die vom Blitz getroffen werden, überleben.
83. Feuer kann keinen Schatten erzeugen, da es Licht ist.
84. Eine Müllinsel dreimal so groß wie Frankreich, bestehend aus Plastik, schwimmt mitten im Pazifik.
85. Meist weint man bei Freude erst mit dem rechten und bei Trauer erst mit dem linken Auge.
86. T-Rex konnte nicht so schnell sprinten wie ein

Mensch.

87. Erst in der fünften Schwangerschaftswoche bildet sich das Y-Chromosom. Somit sind alle Menschen erst einmal Frauen.
88. Pferde und Ratten können sich nicht übergeben.
89. Riffbarsche in Gefahr zetteln einen Flashmob an, um Feinde zu vertreiben.
90. Circa acht Meter lang würde der Bart eines Mannes werden, würde er sich nie rasieren.
91. Das Auge des Menschen kann 10 Millionen Farben wahrnehmen.
92. Durchschnittlich spricht ein Mensch 16.000 Wörter am Tag.
93. Frauen haben halb so viele Nerven-Rezeptoren wie Männer. Sie fühlen Schmerzen intensiver, haben aber auch eine höhere Schmerzgrenze als Männer.
94. Es wird jährlich mehr Salz verbraucht, um die Straßen von Eis zu befreien, als die Menschen essen.
95. Eta Carinae ist ein riesiger Stern, der 120 Mal so groß ist wie die Sonne und 5 Millionen-mal so hell strahlt.
96. Tantalhafniumcarbid hat den höchsten aller bekannten Schmelzpunkte bei 4215 °C.
97. Ein Pferd hat die Höchstleistung 10 PS, nur der Durchschnitt liegt bei 1 PS.
98. Schildkröten können durch ihren Popo atmen.

99. Du atmest immer bloß durch ein Nasenloch. Alle Viertelstunde wird gewechselt.
100. Frauen gehen an ihren fruchtbaren Tagen am häufigsten fremd.
101. Manche Schmetterlinge haben ihren Geschmackssinn an den Hinterbeinen.
102. Schweine können nicht zum Himmel hinauf gucken.
103. Die meisten Männer finden Frauen ohne Make-up attraktiver.
104. Der August ist der geburtenreichste Monat.
105. Am Tag fliegen Wolken meist höher als in der Nacht.
106. Der Mensch besitzt sechs Muskeln am Ohr. Katzen hingegen haben 32 Muskeln an ihren Ohren.
107. Um ihre Kinder zum Jagen zu motivieren, tun Löweneltern so, als seien sie verletzt.
108. Alle Menschen auf der Erde haben einen individuellen Geruch, bloß eineiige Zwillinge nicht.
109. Möwen, Flamingos, Pinguine und Albatrosse können Salzwasser in ihrem Körper entsalzen.
110. Die größte körperliche Zelle ist die Eizelle. Eine der kleinsten Zellen ist das Spermium.
111. Man niest mit einer Geschwindigkeit von 160 km/h.
112. Entfernt man einem weiblichen Borstenwurm das Gehirn, wird es zu einem männlichen Borstenwurm.

113. Die Rotbauchunke kommt in China vor. Sie hat herzförmige Pupillen.
114. Mäuse lassen sich gut mit Mottenkugeln vertreiben. Sie hassen diesen Geruch.

115. Rosen haben keine Dornen, sondern Stacheln, Kakteen haben hingegen keine Stacheln, sondern Dornen.
116. In Afrika gibt es ungefähr 13 Quadratkilometer Gletscher.
117. In Grönland gibt es Nester, die seit 2500 Jahren von Vögeln genutzt werden.

Gesundheit und Ernährung

Was du schon immer mal über deinen Körper wissen wolltest, was ihn wirklich gesund hält und warum du mehr Kuscheln solltest...

1. Der menschliche Darm hat eine Länge von ungefähr neun Metern.
2. Das älteste Gemüse der Erde ist die Erbse.
3. In jeder Stunde, die du schläfst, verlierst du 42 Gramm an Gewicht.
4. Ein Mann rasiert in seinem Leben circa 4 Fußballfelder Bart in seinem Gesicht.

5. Schüchterne Männer und Frauen sind oft bessere Liebhaber, Partner und Freunde.
6. Menschen, die miteinander Kuscheln, können süchtig danach werden und erleben Entzugserscheinungen, wenn sie getrennt sind.
7. Die Aufkleber auf dem Obst bestehen aus essbaren Materialien. Es macht also nichts, wenn du sie versehentlich herunterschluckst.
8. 6 Milliarden Dollar wurden 1970 für Fast Food ausgegeben. Heute sind es 200 Milliarden Dollar pro Jahr.
9. Bienen sind für 70 % allen Obstes und Gemüse verantwortlich, das wir täglich verspeisen.
10. Sperma hat 5 Kalorien.
11. Die Geschmacksknospen im Mund müssen feucht sein, damit man damit schmecken kann.
12. Eine Studie wies nach, dass Jungen eher Alkohol trinken, um ihre Männlichkeit zu beweisen und Mädchen eher, um eine Ausrede für ihr Verhalten zu haben.
13. Wer einmal in der Woche scharf isst, reduziert das Risiko von Erkrankungen um 14 %.
14. Über 90 % aller Frauen haben asymmetrische Brüste. Bei den meisten sind sie aber nur geringfügig unterschiedlich.

15. Paare, die sich Hausarbeit teilen, haben ungefähr 10 % mehr Sex als Paare, bei denen einer alles allein macht.
16. Eine Zitrone hat mehr Fruchtzucker als eine Erdbeere. Den schmecken wir aufgrund der Zitronensäure jedoch nicht.
17. Gemüse mit Wasser in der Mikrowelle zu dünsten erhält mehr Vitamine und Nährstoffe als alle anderen Kochmethoden.
18. Das Eigelb vom Ei enthält alle guten Vitamine und Mineralien. Das Eiweiß enthält lediglich Proteine und Wasser.
19. Eingefrorenes Gemüse enthält oft mehr Nährstoffe als das Frische. Denn es wird eingefroren, kurz nachdem es geerntet wurde. Das „frische" Gemüse wird geerntet, bevor es reif ist und liegt oft lange im Supermarkt.
20. Meersalz ist genauso gesund wie alle anderen Salzsorten.
21. Schokolade ist ein sehr wirksames Mittel gegen Husten.
22. Schon der Geruch von Schokolade lässt dich entspannen und ruft ein Gefühl der Ruhe hervor.
23. Über 50 % der Amphibienarten in Venezuela gibt es nirgendwo sonst auf der Erde.

24. In einer Avocado steckt doppelt so viel Kalium wie in einer Banane. Die ungesättigten Fettsäuren der Avocado wandeln sich zudem sehr schnell in Energie um.
25. Die Urkarotte war lila. Man kann sie noch heute auf Märkten kaufen.
26. In jedem Glas Wasser, das du trinkst, ist mindestens ein Wassermolekül, das schon ein Dinosaurier getrunken hat.
27. Artischocken sind Blumen, die als Blüten geerntet werden.
28. Spam ist die Kurzbezeichnung für spiced ham, gewürzten Schinken.
29. Im Jahr 1905 erfand ein Elfjähriger das Eis am Stiel.
30. Im Jahr 1830 wurde Ketchup als Medizin verkauft.
31. In Südafrika röstet man Termiten wie Popcorn und isst sie aus der Hand.
32. Zwei Millionen Blüten müssen Honigbienen besuchen, um ein halbes Kilo Honig zu produzieren.
33. Zwiebel bedeutet auf Latein „große Perle".
34. Karotten haben kein Fettgehalt.
35. Der Kürbis hat seinen Ursprung in Mexiko.
36. Wer viel Rote Bete isst, pinkelt rosa.
37. 600 verschiedene Nudelformen gibt es weltweit.
38. Karamell wurde von den Arabern erfunden.
39. Mehr als 100 Tassen Kaffee innerhalb kürzester

Zeit führen zu einer Koffeinvergiftung.

40. Tomaten und Auberginen zählen zu den Beeren.
41. Schellack wird aus Schildlauskot hergestellt. Zum Beispiel Jelly Beans werden damit glänzend überzogen.
42. Der „Knoten“ einer Brezel soll wie zum Gebet gekreuzte Arme aussehen.
43. Äpfel, Birnen und Pflaumen gehören zur Familie der Rosen.
44. In Brasilien ist der beliebteste Pizzabelag: Erbsen.
45. Essensreste schmecken oft noch besser, da sich durch die Lagerung und chemische Reaktionen neue Geschmäcker bilden und entfalten können, die kurz nach dem Kochen noch nicht vorhanden waren.
46. Gurken und Zucchini bestehen zu 96 % aus Wasser. Viele Salatsorten auch.
47. Das Gehirn des Menschen verbraucht am Tag die Energiemenge zweier Bananen.
48. Früher war die Adventszeit Fastenzeit.
49. Durch Studien ist belegt, dass Musik gut für die Verdauung ist.
50. Alkohol schützt gegen radioaktive Strahlung.
51. Lege eine Orange nie in die Mikrowelle. Sie wird explodieren.
52. Fleischesser sterben früher als Vegetarier.
53. Käse aktiviert im menschlichen Gehirn die gleichen

Areale wie manche Drogen.

54. Die Energie, die du benötigst um eine Tasse Kaffee warm zu machen, kannst du dadurch erhalten, indem du 8 Jahre, 7 Monate und 6 Tage am Stück schreist.
55. Das Wasser in der Kokosnuss ist isotonisch, steril und wird in manchen Ländern anstelle der Kochsalzlösung in Infusionen verwendet.
56. Der Kaiserschnitt war bereits im siebten Jahrhundert vor Christi im alten Rom gebräuchlich.
57. Wenn Preiselbeeren reif sind, springen sie wie Gummibälle.
58. Der Vegetarierbund Deutschland e. V. wurde 1892 gegründet. Heute gibt es in Deutschland 8 Millionen Vegetarier.
59. Es gibt weiße Erdbeeren, deren „Punkte" (die eigentlichen Früchte, denn die Erdbeere ist ja eine Nuss), rot sind.
60. Schon im fünften Jahrtausend vor Christus buken die Menschen Brot, als sie sesshaft wurden.
61. In Tütensuppen und Chips ist so viel vom Geschmacksverstärker Glutamat enthalten wie in 120 Eiern oder 75 Litern Milch.
62. In Kalbsleberwurst ist zumeist keine Kalbsleber enthalten. Diese schmeckt nämlich sehr bitter.
63. Kartoffeln sind in Deutschland mit 7 % besteuert, Süßkartoffeln hingegen mit 19 %.

64. Dresdner Stollen enthält im Verhältnis zum Mehl 50 % Butter.
65. Zur Familie der Pfirsiche zählen auch Mandeln.
66. Es gibt bloß zwei Menschen, die das Rezept von Coca-Cola kennen. Die beiden dürfen nicht gemeinsam reisen.
67. Die meistverkaufte Biermarke ist Oettinger.
68. Die Farbe des Geschirrs beeinflusst dein Geschmackserlebnis. So schmecken Speisen von einem weißen Teller süßer als von einem schwarzen.
69. Eine Viertel Erdbeere ist in einem 150 g Becher Erdbeerjoghurt enthalten.
70. Kuscheln setzt Oxytocin frei, das das Risiko von Herzerkrankungen mindert.
71. Rotes Gemüse ist nahrhaft, Grünes hingegen hat weniger Kalorien.
72. Das Adergeflecht aus Venen, Arterien und Kapillaren ist so lang, dass man damit die Erde zweimal umwickeln kann.
73. In Deutschland sind nach Schätzung der Krankenkassen 13 Millionen Menschen von einem Burn-out betroffen.
74. „Snakes Venom" hat als stärkstes Bier der Welt 67,2 % Alkohol – mehr als Whiskey.
75. Es kostet mehr Kalorien, eine Stange Sellerie zu essen, als man dadurch zu sich nimmt.

76. Die grünen Gummibärchen schmecken nach Erdbeere.
77. Studien zufolge hat es keine negative Auswirkung auf die Gesundheit eines Menschen, wenn er das Frühstück weglässt.
78. Der menschliche Muskel, der in Relation zur Körpergröße die meiste Kraft hat, ist die Zunge.
79. Die Erdnuss ist keine Nuss, sondern wie Erbse oder Linse eine Hülsenfrucht.
80. Walnüsse, Kokosnüsse und Mandeln sind ebenso keine Nüsse, sondern Steinfrüchte, wie etwa Pfirsiche.
81. Das Gewicht des Kopfes allein kann bei großen Menschen bis zu 6 Kilo betragen.
82. Kinder lachen am Tag 300-mal, während Erwachsene 25- bis 30-mal lachen.
83. Auf einem gesunden Kopf wachsen circa 100.000 Haare.
84. Beim Essen bewegst du bloß den Unterkiefer.
85. Morgens nach dem Aufstehen einen Apfel zu essen, hält wacher als eine Tasse Kaffee.
86. Eine Studie hat ergeben, dass 50 % der Hunde Linkshänder sind. Bei uns Menschen sind es lediglich 11 %.
87. Die menschliche Nase und die Ohren wachsen das ganze Leben lang.
88. Bananen zählen zu den Beeren.

89. Laut einer Studie erhöht sich die Gefahr von Depressionen bei Schülern, wenn die Hausaufgaben erhöht werden.
90. Der große Zeh trägt 40 % deines Gesamtgewichts.
91. Wer viel liest, schützt sich besser gegen Stress als beim Spazierengehen oder Musikhören.
92. Bei klassischer Musik in Weinhandlungen erhöht sich der Umsatz um 2,5 % im Gegensatz zu Weinhandlungen, in denen Popmusik gespielt wird.
93. Bartträger haben seltener Heuschnupfen, da der Bart das Eindringen der Pollen in den Organismus verhindert.
94. Du kannst in deiner Magensäure eine Rasierklinge zersetzen.
95. Du schnarchst und träumst immer bloß abwechselnd.
96. Das einzige Lebensmittel, das nie verdirbt, ist Honig. Sogar den Honig, mit dem die ägyptischen Pharaonen begraben wurden, kann man heute noch essen.

Deutschland

Wir Deutschen sind schön einzig – äh! – eigenartig, nicht?

1. Zu Weihnachten werden in Deutschland circa 30 Millionen Weihnachtsbäume verkauft.
2. 10 Tonnen Taubenkot regnet es täglich auf Berlin.
3. Der höchste Berg von Hannover ist seine ehemalige Mülldeponie.
4. Der Vokuhila heißt auf Niederländisch: „Deutsche Matte“ (duitse mat), auf Italienisch: „Haare nach deutschem Stil“ (Capelli alla Tadesca) und auf Ungarisch: „Bundesliga“.
5. Frauen in Deutschland haben durchschnittlich BH-Größe 80C.

6. Eine Bootsanlegestelle hat der Aldi in Potsdam.
7. Bis ins 18. Jahrhundert mussten unverheiratete Berlinerinnen pro Monat 2 Groschen Jungfernsteuer zahlen.
8. Das Sprichwort „einem geschenkten Gaul schaut man nicht ins Maul“ lässt sich darauf zurückführen, dass Pferde mit zunehmendem Alter verfärbte und brüchige Zähne bekommen.
9. In Deutschland hat ein Kronkorken 21 Zähne, in Amerika dagegen 23.
10. Die kleinste Kneipe Deutschlands ist in Niedersachsen und misst gerade mal 4,5 Quadratmeter.
11. Die Ostfriesen trinken pro Jahr und Kopf 300 Liter Tee.
12. Ein Fußballfeld muss in Deutschland seit dem Jahre 1896 Baum-frei sein.
13. Tuffi, eine Elefantenkuh des Circus Althoff, sprang 1950 im Alter von vier Jahren während einer Werbeaktion aus der Schwebebahn in Wuppertal in die Wupper – und überlebte.
14. Das erste Wildschwein, das für die Polizei gearbeitet hat, hieß Luise und spürte von 1984 bis 1987 Drogen auf.
15. Ein Weinbaugebiet an der Mosel bei Bernkastel heißt „Nacktarsch“. Dort kann man unter anderem den „Kröver Nacktarsch“ kaufen.

16. Durchschnittlich 19 Unterhosen besitzen die deutschen Männer. Jeder siebte trägt seine Unterhose mehr als einen Tag.
17. Auf Sylt in List befindet sich der nördlichste deutsche Supermarkt: ein Edeka.
18. Circa 900 Berufsschäfer gibt es in Deutschland.
19. Das längste, je in Deutschland veröffentlichte Wort ist: Donaudampfschifffahrtselektrizitätenhauptbetriebswerkbauunterbeamtengesellschaft.
20. In Hessen gibt es einen Ort, der Muschenheim heißt. Dieser liegt nahe beim Örtchen Dorf-Güll.
21. Zu Weihnachten steigt der Alkoholkonsum der Deutschen um 36 %.
22. In Deutschland darf ein Kind höchstens fünf Vornamen haben.
23. Jeder 5. Arbeitnehmer in Deutschland hat bereits innerlich gekündigt.
24. Im Biertrinken sind wir Deutschen auf dem zweiten Platz. Den ersten Platz belegen die Tschechen.
25. „Reichstags-Blue“ nennt sich die Farbe der Sitze im Bundestag.
26. Der Tiergarten in Berlin hat eine größere Fläche als das Fürstentum Monaco.
27. 2 % der Leser der feministischen Zeitschrift „Emma“ sind Männer.

28. In Deutschland ist es seit 1969 erlaubt, Sex mit Tieren zu haben.
29. Die WM-Siegerinnen von 1989 erhielten als Geschenk für ihren Sieg jeweils ein Kaffeeservice.
30. Unzig ist das Gegenteil von witzig.
31. In Deutschland verbraucht ein jeder 120 Liter Wasser am Tag.
32. In Darmstadt werden Kohle-Compretten, ein Mittel gegen Durchfall, hergestellt.
33. Die Hälfte aller Notfallpatienten Deutschlands haben Alkohol getrunken.
34. Die Zahl 1147 war die Hausnummer der Mehlfirma Farina in Köln.
35. In Montenegro war die Deutsche Mark offizielle Währung, bis der Euro kam. Obwohl nicht in der EU, wurde dann der Euro zur Währung.
36. Jeder Deutsche verbraucht 3651 Rollen Toilettenpapier in seinem Leben.
37. Schon 1820 wurde in einem deutschen Wörterbuch der Weihnachtsmann als Synonym für das Christkind genannt.
38. Geschlossene Punzen nennt man die Löcher in a, b, o, g… Offene Punzen sind die Öffnungen in m, n, h…
39. In der Sendung „Wünsch dir was" aus den 70er-Jahren stimmten die Zuschauer durch das Betätigen der Klospülung oder durch das Einschalten eines Elektrogerätes über den

Gewinner ab. Die Stadtwerke übermittelten den Mehrverbrauch telefonisch weiter.

40. Das östlichste deutschsprachige Dorf befindet sich an der chinesischen Grenze in Kirgistan. Seit 1990 finanziert die Bundesregierung den Deutschlehrer des Dorfes.
41. „Babo“ ist das Jugendwort des Jahres 2013.
42. Der Bundespräsident ist auf Antrag verpflichtet, die Patenschaft für das siebte Kind einer Familie zu übernehmen.
43. Der einzige Elefant im Berliner Zoo wurde im 2. Weltkrieg durch eine Bombe getötet.
44. Ab 1953 verloren Frauen nicht mehr die Staatsangehörigkeit, wenn sie einen Ausländer heirateten.
45. In Deutschland gibt es mehr als 1000 Arten von Wurst. Die beliebteste Wurst ist die Currywurst.
46. Jeder siebte Erwachsene in Deutschland verreist mit einem Kuscheltier.
47. 31 % der Fläche Deutschlands sind Wald.
48. Alle vier Sekunden passiert in Deutschland ein Unfall.
49. Die beliebteste Sehenswürdigkeit ist der Kölner Dom, dicht dahinter kommt das Brandenburger Tor.
50. Das Durchschnittsalter von Frauen, die ihr erstes Kind bekommen, liegt bei 29 Jahren.

51. 46 % aller deutschen Substantive mit nur einem Artikel sind weiblich.
52. Bis 1918 war der Kilimandscharo der höchste Berg Deutschlands.
53. In deutschen Haushalten verbrauchen Computer und Telefon mehr Strom als die Beleuchtung.
54. Ein Gefängnisausbruch ist in Deutschland nicht strafbar.
55. Die Sommerzeit wurde zuerst in Deutschland eingeführt.
56. Deutschland hat statistisch gesehen die meisten kulturellen Einrichtungen, wie Theater, Museen oder Bibliotheken.
57. Der reichste Deutsche ist Karl Albrecht, Gründer von ALDI mit 19,7 Milliarden Gesamtvermögen.
58. Die größte Universität ist in Hagen mit 84.600 eingetragenen Studenten.
59. Es gibt eine Barbie-Puppe, die aussieht wie Angela Merkel.
60. Mit mehr als 400 hat Deutschland die meisten Zoos weltweit.
61. Bier ist in Bayern offiziell ein Gericht.
62. 300 verschiedene Brotsorten kennen wir Deutschen.

Aus aller Welt

Hier findest du Kurioses aus aller Welt. Von Bauwerken über Nationalflaggen und Begrüßungsformeln bis zu Waschpulver – es gibt viel Verblüffendes zu entdecken.

1. Mit 12 Buchstaben kommt das hawaiianische Alphabet aus.
2. Auf der Erde gibt es 6500 verschiedene Sprachen.
3. In Asien fragt man zur Begrüßung oft: „Hast du schon Reis gegessen?“ Das heißt so viel wie: „Wie geht es dir?“
4. In Turkmenistan sind seit 1991 Wasser, Gas und Strom für die Einwohner kostenlos.

5. Ein Liter des japanischen „Rokko No Mizu"-Mineralwassers kostet satte 124 Euro.
6. Im 18. Jahrhundert konnte man beim Eintritt in den Londoner Zoo auch mit Hunden oder Katzen, zur Fütterung der Löwen, zahlen.
7. In Italien ist der beliebteste Vorname „Russo".
8. Der Ukrainer Leonid Stadnik war wahrscheinlich der größte Mensch der Erde. Er war 2,57 Meter groß, hatte Schuhgröße 64 und wog 210 Kilo.
9. Man findet jede Klimazone in Neuseeland.
10. Robert Lane nannte seine Söhne „Winner" und „Loser". Loser machte eine erfolgreiche Karriere und Winner wurde kriminell.
11. In Arizona liegt der Ort „Nothing". Dort gibt es nichts außer einer Garage und einer Tankstelle.
12. Die USA haben 6 % der Weltbevölkerung, verbrauchen jedoch 60 % aller Ressourcen.
13. Die längste Ehe der Geschichte führte ein indisches Paar das 1925 heiratete und 2016 durch den Tod geschieden wurde.
14. In Äthiopien wird Muttertag gefeiert, wenn der erste Regen im Oktober fällt, also zu Beginn der Regenzeit.

15. In der englischen Stadt Wycombe wird der Bürgermeister nach einer Tradition aus dem 17. Jahrhundert einmal im Jahr öffentlich gewogen. Hat er zugenommen, wird er ausgebuht, da er das auf Kosten der Steuerzahler getan haben könnte. Hat er abgenommen, wird ihm applaudiert.
16. In Prag gibt es eine Gasse, die so schmal ist, dass man eine Ampel für Fußgänger aufgestellt hat, da nicht zwei Menschen aneinander vorbeilaufen können.
17. Am Nordpol gibt es eine Adresse für den Weihnachtsmann: Sie lautet: Santa Claus Nordpolen, Julemandens Postkontor, DK 3900 Nuuk.
18. Irlands älteste Bar wurde 900 vor Christus gegründet.
19. Jesiden essen keinen Kopfsalat, da sich der Name des Salates ähnlich wie ein Fluch anhört.
20. Australien gehört dem asiatischen Fußballverband an.
21. In Indien tragen die Waldarbeiter eine Maske am Hinterkopf, auf der ein menschliches Gesicht zu sehen ist, zum Schutz vor Tigern.
22. In den Schweizer Kantonen Bern, Luzern und Jura ist es bis heute erlaubt, die eigenen Haustiere zu essen. Beliebtes Gericht an Weihnachten ist noch immer „Katze in Thymian“.

23. Das größte bekannte Gericht der Welt ist gebratenes Kamel. Es wird auf Beduinenhochzeiten gern gegessen. Das Kamel wird mit einem Lamm, 40 Hühnern und 60 Eiern gefüllt.
24. Kauft man in Frankreich „Persil" heißt es „Le Chat" – die Katze.
25. In Russland zählte Bier bis 2011 nicht zum Alkohol.
26. Ein amerikanischer Architekt brauchte 44 Tage, um das größte Casino der Erde mit Spielkarten nachzubauen.
27. Der „Kindlifresserbrunnen" in der Schweiz ist 500 Jahre alt und zeigt eine Figur, die Kinder frisst. Das soll zur Einschüchterung von Kindern dienen.
28. Schottlands Wappentier ist ein Einhorn.
29. In Portugal steht eine Sehenswürdigkeit mit dem Namen: „Die Knochenkapelle". Sie wurde im 16. Jahrhundert von einem Mönch mit menschlichen Knochen dekoriert und symbolisiert die Vergänglichkeit des Lebens.
30. Das Tote Meer liegt 420 Meter unter dem Meeresspiegel und ist der tiefgelegenste Touristenort der Welt.
31. In Paris gibt es bloß ein Stoppschild.
32. In Venedig gibt es 400 Brücken, in Amsterdam circa 1000 und in Hamburg gibt es 2124 Brücken.

33. Den Weltrekord im Hamburgeressen hält mit 103 Hamburgern in zehn Minuten der Amerikaner Joey Chestnut.
34. Der japanische Kaiser wird auch Tenno genannt.
35. „Nintendo", der Spielkonsolenhersteller, existiert in Japan seit 1889.
36. Wer in Taiwan einen Brief mit roter Tinte schreibt, möchte mitteilen, dass er mit dem Adressaten nie wieder etwas zu tun haben will.
37. In Hollywoodfilmen benutzte man bis 1946 weiß bemalte Cornflakes als Schneeattrappe.
38. Im Pazifik gibt es einen Volksstamm, der Prinz Philipp, Ehemann der Queen, als Gott verehrt.
39. Der Erdölkonzern „Shell" entstand in London und war einst ein Laden, der Muscheln verkaufte.
40. Batman ist eine Stadt in der Türkei.
41. Norwegen schenkt den Briten jährlich den Weihnachtsbaum auf dem Trafalgar Square in London. Zum Dank für die Unterstützung während des 2. Weltkriegs.
42. 20 % des nicht gefrorenen Süßwassers der Erde befinden sich im Baikalsee in Russland.
43. 50 % der Hochzeiten in Kentucky werden zwischen Teenagern geschlossen.
44. Arabische Frauen können die Scheidung einreichen, wenn ihre Ehemänner ihnen nicht den Kaffee einschenken.

45. Im kanadischen Neufundland gibt es ein Städtchen mit dem Namen „Dildo“.
46. Der schottische Kilt stammt ursprünglich aus Frankreich.
47. McDonalds verkauft pro Sekunde 75 Hamburger weltweit.
48. In Russland leben 11 Million mehr Frauen als Männer.
49. Die Astronauten der Apollo 11 bekamen keine Lebensversicherung. Sie unterschrieben Autogrammkarten, um ihre Familien abzusichern.
50. In Japan, Indien, dem Iran und auch in Frankreich wird Lächeln als Form von Dummheit angesehen.
51. Die Hälfte der Weltbevölkerung hat noch nie per Telefon mit einer anderen Person gesprochen.
52. „Llanfairpwllgwyngyllgogerychwyrndrobwllllantys iliogogogoch“ ist der außergewöhnlich lange Name eines Dorfes auf der walisischen Insel Anglesey. Er bedeutet: „Marienkirche in einer Mulde weißer Haseln in der Nähe eines schnellen Wirbels und der Thysiliokirche bei der roten Höhle“
53. Das einzige Land auf der Erde, welches keine rechteckige Flagge hat, ist Nepal. Die Flagge hat zwei Zipfel, die den Himalaja symbolisieren.

54. In Dänemark gibt es die Tradition, mit Zimt überschüttet zu werden, wenn man an seinem 25. Geburtstag noch nicht verheiratet ist.
55. Der schwedische IKEA Katalog ist das einzige Buch auf der Welt, von dem mehr Exemplare gedruckt werden, als von der Bibel.
56. Die wenigsten Morde passieren in Schweden.
57. Planet Pluto und Russland haben in etwa die gleiche Masse.
58. Die Bevölkerungsdichte in Manhattan ist größer, als würde man alle Menschen der Erde in Neuseeland versammeln.
59. „Bonusmamma" nennen schwedische Kinder ihre Stiefmutter.
60. Mit 100 Milliarden Euro Umsatz pro Jahr ist die Mafia Italiens größtes Wirtschaftsunternehmen.
61. Das meiste Putenfleisch essen die Menschen in Israel.
62. Schach wurde in Indien erfunden.
63. Das US-Militär sparte 1987 40.000 Dollar, indem es eine Olive von dem Salat seiner Fluggäste entfernte.
64. In Russland gibt es 44 Städte, in die kein Ausländer einreisen darf.
65. Ein Fünftel des gesamten Mülls der Erde wird in den USA produziert.

66. In Bulgarien nickt man mit dem Kopf, wenn man „Nein“ sagen will. Wenn man „Ja“ sagen möchte, schüttelt man ihn.
67. In Japan hatte McDonalds vor einigen Jahren eine limitierte Aktion mit schokoladenüberzogenen Pommes.
68. Wenn am Tag der Abiturprüfungen ein Haustier stirbt, wird die Zensur britischer Absolventen um 2 % angehoben, wenn ein Verwandter stirbt, sogar um 5 %.
69. „Noch ist Polen nicht verloren”, singen die Polen im ersten Satz ihrer Nationalhymne.
70. 50 % des weltweiten Handels mit Kaviar werden in der Schweiz abgewickelt.
71. Über 50 % der Männer auf Korfu heißen Spiro.
72. Auf dem Gelände des Buckingham Palastes stand bis zu seiner Errichtung 1702 ein Bordell!
73. Keinen einzigen Friedhof hat das Stadtgebiet San Franciscos. Der Boden ist seit dem Goldrausch im 19. Jahrhundert zu wertvoll.
74. 88,8 Waffen kommen auf 100 Einwohner in den USA.
75. 99 % aller Esten sind blauäugig.
76. In China kann man per App „Gangster“ bestellen, die sich dann um die eigenen „Feinde“ kümmern.
77. Die Strecke Moskau – Nizza ist die am häufigsten von Privatjets geflogene Strecke der Welt.

78. „Tong Zi Dan“ ist eine chinesische Spezialität. Es handelt sich um in Kinderurin eingelegte und darin gekochte Eier.
79. In Kenia werden Musiker oft auf der Bühne in Käfige eingesperrt, damit sie die vom Club geliehenen Instrumente nicht stehlen.
80. 30 Millionen Amerikaner haben eine Lücke zwischen ihren oberen Schneidezähnen.
81. In China wurde in den letzten drei Jahren mehr Beton verbaut als in den USA im gesamten 20. Jahrhundert.
82. Auf Haiti ist „Voodoo“ eine anerkannte Religion.
83. In Schweden sieht man seit 1959 traditionell am Weihnachtstag ein Donald-Duck-Special. Notrufe gehen in dieser Zeit um 20 % zurück.
84. In Costa Rica gibt es keine Adressen. Wer einen Brief versenden möchte, muss die Umgebung des Adressaten genau beschreiben.
85. In Hongkong gibt es ein Studienfach mit dem Namen „Bra-Studies“ (BH- Wissenschaften).
86. Saudi-Arabien ist ein Land, in dem es keinen einzigen Fluss gibt.
87. In Bahrein dürfen Männer zwar als Gynäkologe arbeiten, jedoch die weiblichen Geschlechtsorgane nicht direkt anschauen. Darum verwenden sie immer einen Spiegel.

88. Auf Samoa gibt es die Tradition, einen Sohn als Tochter zu erziehen, wenn man schon zu viele Söhne hat.
89. Auf den Fidschi-Inseln verläuft die Datumsgrenze auf der Insel Taveuni. Dort kannst du mit einem Fuß im Heute, mit dem anderen im Gestern stehen.
90. In Dubai kann man am Automaten Goldbarren abheben.
91. In Asien verwendet man ungern Toilettenpapier, lieber die linke Hand und Wasser.
92. Das Essstäbchen abzulecken, gilt in China als respektlos.
93. Für 30 Kniebeugen kannst du die Moskauer U-Bahn gratis benutzen.
94. In China sind die drei bekanntesten westlichen Namen: Jesus Christus, Richard Nixon und Elvis Presley.
95. In Finnland gibt es pro Kopf mehr Heavy-Metal-Bands, als in allen anderen Ländern.
96. In Japan ist die Unglückszahl die 4. Es gibt kein Hotelzimmer mit dieser Zahl und auch keinen Sitzplatz im Flugzeug.
97. Das meistverschluckte Objekt in den USA ist der Zahnstocher.
98. In Plauen in der DDR gab es eine McDonald's–Filiale. Sie wurde 1990 eröffnet.
99. 10048 war die eigene Postleitzahl der Türme des

World Trade Centers.

100. Mehr Autos als Einwohner gibt es in Los Angeles.
101. Mit der „WM66“-Waschmaschine aus der DDR ließen sich Lebensmittel einkochen.
102. „Hamburger Berg“ heißt eine Stadt in Brasilien.
103. Das spanische Wort für „Handschellen“ ist das gleiche wie für „Ehefrau“.
104. 1962 brach in Tansania ein „Massenlachen“ aus, das über 1000 Menschen betraf und mehrere Monate andauerte. Schulen mussten deswegen geschlossen werden.
105. Die breiteste Straße der Welt liegt in Brasilien, sie ist 250 Meter breit und hat 12 Fahrbahnen.
106. Das japanische Wort für Doppelgänger ist „Doppelganger“.
107. „Happy-Pizza“ aus Kambodscha ist mit Marihuana belegt.
108. Bei einem Lügenwettbewerb, der jährlich in England stattfindet, müssen die Kandidaten eine Geschichte erfinden. Politiker und Anwälte sind von der Teilnahme ausgeschlossen.
109. Das „First World Hotel“ in Malaysia hat über 7000 Zimmer und ist das größte Hotel der Welt.
110. In Schweden gibt es immer häufiger den 6-Stunden-Tag in Firmen, da man nicht acht Stunden am Stück produktiv sein kann.

111. Die gleiche Flagge hatten Liechtenstein und Haiti bis ins Jahr 1937. Erst bei den Olympischen Spielen fiel es auf und wurde geändert.
112. Auf lettisch heißt Baum „Koks".
113. In Frankreich schreibt man MDR für LOL was „mort de rire", „totgelacht" bedeutet.
114. Laut einer Umfrage singen 56 % der Amerikaner Weihnachtslieder für ihre Haustiere.
115. In Ostafrika gibt es eine Insel mit dem Namen „Mafia".
116. In Mumbai gibt es Versicherungen gegen Schwarzfahren.
117. Auf Bostons Straßen stehen Gedichte geschrieben, die man nur sieht, wenn es regnet.
118. In den USA sind Überraschungseier verboten und man darf sie nicht ins Land einführen.
119. Im Iran dürfen Tätowierte ihren Führerschein erst nach einer ärztlichen Untersuchung machen, da Tattoos als Selbstverletzung und die Tätowierten als psychisch krank gelten.
120. Das McDonalds M wird weltweit gelb dargestellt, bloß in Paris ist es weiß, da die Pariser Stadtverwaltung gelb für geschmacklos hielt.
121. In Venezuela gibt es eine Eisdiele, die 860 verschiedene Sorten anbietet und damit schon im Guinness Buch der Rekorde steht.

122. In Irland leben weniger Iren als weltweit. Die meisten sind in den USA.
123. Fontana di Trevi ist ein Brunnen in Rom. Es werden täglich mehr als 3000 Euro hineingeworfen, da das Glück bringen soll.
124. In Paris ist es gesetzlich erlaubt, eine verstorbene Person zu heiraten.
125. In Palermo auf Sizilien dürfen Frauen nackt baden. Männer dürfen es jedoch nicht.
126. In „Nollywood", in Nigeria, werden im Jahr 2000 Filme produziert. Mehr als in Bollywood und Hollywood.
127. In den Niederlanden gibt es ein jährlich stattfindendes Festival, zu dem Rothaarige aus der ganzen Welt anreisen.
128. Es gibt eine „Schere-Stein-Papier"-Weltmeisterschaft in Las Vegas. Der Gewinner erhält 50.000 Dollar.
129. Brasilien ist das einzige Land in Südamerika, in dem man portugiesisch spricht.
130. In Afrika gibt es eine Bar im Inneren eines 6000 Jahre alten Baobab-Baums (Affenbrotbaum).
131. In Nebraska gibt es den Ort „Monowi" mit nur einer Einwohnerin, die auch die Bürgermeisterin ist.
132. In Polen und in Tschechien dürfen Ärzte den Patienten Bier verschreiben.
133. In Europa gibt es 300 Sprachen plus 500 Dialekte.

134. In Finnland gibt es mehr Saunas als Autos. Nämlich über 2 Millionen.
135. Es gibt einen Swimmingpool in Chile, der mehr als einen Kilometer lang ist.
136. In Hail in Saudi-Arabien hat ein Unbekannter einen großen Kühlschrank installieren lassen, in den man Nahrung für Bedürftige legen kann.
137. In den Katakomben von Paris befindet sich das „Beinhaus". Dort ruhen 6 Millionen Gebeine Verstorbener. Dieses Beinhaus kann besucht werden.
138. In Minnesota war für kurze Zeit ein Dreijähriger Bürgermeister.
139. Die Republik Nauru im pazifischen Ozean ist mit 21 Quadratkilometern die kleinste Republik der Welt. Sie hat keine Hauptstadt.
140. Chilenische Ehepaare haben nicht den gleichen Nachnamen. Jede Frau behält ihren Mädchennamen.
141. In China werden Menschen, die sich viele Bücher kaufen, sie aber nicht lesen, als „Tsundoku" bezeichnet.
142. Es gibt 188.000 Seen in Finnland. Kein Land der Erde hat mehr Seen.
143. In nahezu jeder französischen Stadt befindet sich eine Victor-Hugo-Straße. Dieser ist der größte Autor für die meisten Franzosen.

144. In Amsterdam werden jährlich 15.000 Fahrräder in Grachten gefunden.
145. Japaner sagen ungern „Nein“. Um eine Konfrontation zu verhindern, sagen sie lieber „Vielleicht“ (Tabun).
146. In Italien gibt es erst seit 1962 offiziell keine Malaria mehr.
147. John Rambo, US-Soldat, starb in Vietnam.
148. Für Mangas wird in Japan mehr Papier verbraucht als für Toilettenpapier.
149. Schlafen bei der Arbeit ist in Japan akzeptiert. Es gilt als Zeichen dafür, dass man bisher hart gearbeitet hat.
150. In Dubai ist es im Winter 20 °C warm. Doch trotzdem kann man Ski fahren. Im Indoor Ski Resort.
151. Auf der Kanareninsel El Hierro wird der Strom zu 100 % aus erneuerbaren Energien gewonnen.

Skurrile Gesetze

Bei manchen Gesetzen, die teilweise bis heute gelten, fragt man sich, was für einen Hintergrund sie haben!

1. Laut eines Gesetzes aus dem 16. Jahrhundert ist es in London untersagt, die Ehefrau später als 21 Uhr zu schlagen.
2. Bis 1914 war es in den USA erlaubt, Kinder per Post zu verschicken.
3. In Großbritannien gibt es ein Gesetz das besagt, dass das Ungeheuer von Loch Ness unter Naturschutz steht, sollte es existieren.
4. Ein britisches Gesetz von 1854 bestrafte Selbstmord mit dem Tod durch Hängen.

5. In Singapur droht eine hohe Geldstrafe, wenn man seinen Kaugummi auf die Straße spuckt. Zwischen 1992 und 2004 war der Verkauf von Kaugummis sogar verboten.
6. Laut eines Gesetzes von 1966 gehört in Deutschland „engagierter Beischlaf" zu den Ehepflichten.
7. In Frankreich war es verboten E. T.-Puppen zu verkaufen, da nur Puppen mit menschlichen Gesichtern verkauft werden durften.
8. In Kansas darfst du Fisch nicht mit der nackten Hand fangen.
9. Nur wenn ein Mann vor dem Auto herläuft und eine rote Flagge schwenkt, ist es Frauen in Memphis gesetzlich erlaubt, Auto zu fahren.
10. In Norwegen darf an Wahltagen kein Alkohol verkauft werden.
11. In Frankreich gibt es ein Gesetz, das untersagt, ein Schwein Napoleon zu nennen.
12. In Maryland (USA) ist es per Gesetz verboten, einen Löwen mit in den Kinosaal zu nehmen.
13. Wenn du in Kalifornien einen Schmetterling bedrohst, kannst du verhaftet werden.
14. In Thailand ist es illegal, auf einen Geldschein zu treten, da darauf der König abgebildet ist.
15. Im Dezember müssen Norweger nur halb so viele Steuern zahlen. So soll mehr Geld für Weihnachten

bleiben.

16. Bhutan ist per Gesetz mit 60 % Wald bedeckt und weist als einziges Land der Erde eine negative CO_2-Bilanz auf.
17. In der Schweiz darf man sonntags draußen keine Wäsche zum Trocknen aufhängen.
18. In Finnland waren Donald-Duck-Comics verboten, da er keine Hose trägt.
19. Man sollte nie mit einem Mohnbrötchen in die Arabischen Emirate einreisen. Die Drogengesetze sind so stark, dass dies zu ernsthaften Problemen mit dem Zoll führen kann.
20. Alle Schwäne Englands gehören per Gesetz der Queen.
21. In Deutschland durften Lehrerinnen bis 1951 nicht heiraten.
22. In Pennsylvania, USA, ist es verboten, auf seinem Kühlschrank zu schlafen.
23. In Illinois, USA, ist es verboten, am Hochzeitstag Geschlechtsverkehr zu haben, wenn man vorher auf der Jagd war.
24. In Indiana, USA, ist es verboten ins Theater zu gehen, wenn man davor Knoblauch gegessen hat.
25. Erst, wenn es dunkel geworden ist, dürfen tasmanische Männer Frauenkleidung tragen.
26. In Australien dürfen Kinder rauchen, aber keine Zigaretten kaufen.

27. In England ist es verboten, Briefmarken mit dem Bild der Queen verkehrt herum, also mit dem Kopf nach unten, aufzukleben.
28. In England ist es verboten, im Parlament zu sterben.
29. In Irland war es bis in die 90er-Jahre verboten, Kondome zu kaufen.
30. Nackt wandern ist in der Schweiz verboten.
31. In Kanada ist gesetzlich vorgeschrieben, dass jedes fünfte Lied im Radio ein kanadisches sein muss.
32. In Schottland ist man verpflichtet, einem Fremden die Haustüre zu öffnen, wenn er klopft.
33. Nach dem Flaggengesetz der USA wird eine ausgefranste Flagge ehrenvoll verbrannt.
34. Eine Nuklearexplosion, die du auslöst, kann dich in Deutschland fünf Jahre Gefängnis kosten.
35. Wenn du in Deutschland auf der Arbeit einschläfst und vom Stuhl kippst, gilt dies als Arbeitsunfall.
36. In St. Louis dürfen Feuerwehrmänner keine Frau im Nachthemd retten. Es sei immer genug Zeit, dezente Kleidung anzulegen.
37. In Florida ist das Pfeifen unter Wasser verboten.
38. In Saudi-Arabien sind Barbies verboten.
39. In Israel darfst du nicht zusammen mit einem Bären an den Strand gehen.
40. In Japan garantiert dir ein Gesetz den Sonnenschein.

41. Küssen ist in Frankreich in Zügen verboten.
42. Italienische Männer dürfen keine Röcke tragen.
43. In Thailand darf man sich nicht an einen Türrahmen lehnen.
44. Auf Samoa ist es gesetzlich verboten, den Geburtstag der Ehefrau zu vergessen.
45. Glühbirnen dürfen in Australien bloß Elektriker wechseln.
46. Schwangere Frauen dürfen in Großbritannien überall urinieren.
47. Ein Gesetz in Tasmanien verlangt, dass Witwen sich den Penis ihres verstorbenen Gatten als Kette um den Hals hängen.
48. Kindern ist es in Kalifornien per Gesetz gestattet, über Pfützen zu springen.
49. In Australien ist Sex mit einem Känguru nur betrunken erlaubt.
50. In Bhutan darf der jüngere Bruder erst Sex haben, wenn der ältere Bruder keine Jungfrau mehr ist.
51. In China darfst du niemanden vor dem Ertrinken retten, da du so in sein Schicksal eingreifen würdest.
52. Samstags ist es in Israel verboten, sich Pickel auf der Nase auszudrücken.
53. In Detroit darfst du deine Frau sonntags nicht böse ansehen! So will es das Gesetz.
54. Nackt Auto zu fahren, ist in Deutschland nicht

verboten, nackt aus dem Auto zu steigen jedoch schon.

Technologie und Zukunft

Ob Computer Nerd oder Wissenschaftler. Hier gibt's Erstaunliches aus vielen Themenbereichen.

1. Flüssiger Sauerstoff wird magnetisch, wenn andere Magneten in der Nähe sind.
2. Eine saure Gurke leuchtet, wenn man Strom durch sie hindurch leitet.
3. Innerhalb der nächsten Jahre will die NASA Pflanzen auf dem Mond anbauen.
4. Beim Mercedes SLS können bei einem Unfall die Flügeltüren abgesprengt werden.

5. Menschen blinzeln circa 20 Mal in der Minute. Sitzt du allerdings vor deinem Computer, blinzelst du lediglich 7 Mal pro Minute.
6. Die erste Apple Festplatte besaß 5 MB.
7. Eine Taube hat 2009 das Internet überholt. An ihrem Bein hing ein USB-Stick mit Daten, die sie schneller überbrachte als der Upload dauerte.
8. Jumbo-Jets verbrauchen allein beim Start 15.000 Liter Treibstoff.
9. 86 % aller Menschen halten den USB-Stick beim ersten Versuch ihn einzustecken verkehrt herum.
10. Www.symbolics.com ist die erste Domain und wurde am 15. März 1985 registriert.
11. Carl Benz, Erfinder des Autos, war gegen Autorennen und hielt die Geschwindigkeit 50 km/h für vollkommen ausreichend.
12. Auf den Walzen der Spielautomaten im Casino sind Früchte abgebildet, da man früher Fruchtkaugummi statt Geld gewinnen konnte.
13. Du wirst nie etwas im Internet ansehen können, wenn du es nicht vorher auf deinen Rechner kopiert hast.
14. Den ersten Computer, die „Analytical Engine", entwickelte Charles Babbage im Jahre 1822.
15. Mit der ersten Kamera dauerte es geschlagene acht Stunden, ein Bild aufzunehmen.

16. Die Herstellung einer Cola Dose ist teurer als die Herstellung der darin enthaltenen Cola.
17. Der älteste bekannte Münzautomat war ein Weihwasserspender aus dem 1. Jahrhundert nach Christus.
18. Der erste Videorekorder aus dem Jahr 1956 war so groß wie ein Klavier.
19. Das Wort Roboter kommt vom tschechischen Wort „robota", was so viel wie Zwangsarbeit bedeutet.
20. Auf dem Mount Everest kocht Wasser wegen des geringeren Luftdrucks schon bei 68 Grad Celsius.
21. Der allererste Autounfall mit Todesopfer passierte 1896 bei sechs Stundenkilometern.
22. Die Franzosen führten während der Französischen Revolution die Dezimalzeit ein. Jeder Tag hatte 10 Dezimalstunden, jede Stunde 100 Dezimalminuten und jede Minute 100 Dezimalsekunden. 1795 wurde das Ganze wieder abgeschafft.
23. Fotos wurden früher sepia getönt, da dies die Haltbarkeit der Abzüge verbesserte
24. Die ersten Drohnen wurden in Israel entwickelt und gebaut.
25. Im Jahr 1936 entwickelte man in Russland einen Computer, der statt mit Strom mit Wasser betrieben wurde.
26. Yahoo steht für: Yet Another Hierachically Officious Oracle (Noch so ein diensteifriges Orakel).

27. Es ist genauso gefährlich betrunken Auto zu fahren, wie keine Freisprechanlage im Auto zu verwenden.
28. 31 Meter misst eine der größten Limousinen an Länge. Sie hat 26 Räder und einen eigenen Swimming Pool sowie einen Helikopter-Landeplatz.
29. Der Uranus ist 63-mal so groß wie unsere Erde.
30. Airbags entfalten sich innerhalb von 30 Millisekunden vollständig.
31. 2011 ließen Wissenschaftler Papierflieger in 37 Kilometer Höhe über Deutschland fliegen. Einige wurden in Australien und Südamerika gefunden, andere in Kanada und den USA.
32. Eine deutsche Firma hat ein Verfahren erfunden, aus Plastikmüll Treibstoff herzustellen. Ein Kilo Müll bringt einen Liter Diesel.
33. Die NASA hat den Asteroiden „16 Psyche“ entdeckt, der zu großen Teilen aus Gold besteht. So viel, dass man jedem Menschen ein Vermögen von 83 Milliarden Euro geben könnte.
34. Würdest du ein Blatt Papier 42-mal falten, wäre es so dick, dass es von der Erde bis zum Mond reichen würde. Man kann ein DIN-A4-Papier 9-mal falten.
35. Zerstört man eine Unterwasserblase mit einer Schallwelle, so entsteht Licht.
36. Einst erfand Nintendos Hausmeister den Gameboy.

37. 200 Tonnen Müll liegen bereits auf dem Mond herum. Unter anderem Beutel mit Urin, Raumschiffteile und Stiefel.
38. Am 1. Januar 1985 wurde das erste Telefonat mit einem Handy geführt.
39. Tage auf der Erde werden immer ein kleines bisschen länger. 21,9 Stunden dauerte ein Erdentag vor 620 Millionen Jahren.
40. Eine Million Sekunden sind 11 Tage. 30 Jahre sind eine Milliarde Sekunden.
41. Ein ukrainischer Ingenieur entwickelte ein Passagierflugzeug, das die Passagierkabine im Notfall mit zwei großen Fallschirmen zu Boden gleiten lässt.
42. 2006 entdeckten Forscher mitten in der Milchstraße eine Alkoholwolke mit einem gigantischen Durchmesser von 500 Milliarden Kilometern.
43. Astronauten auf der ISS sehen täglich 15-mal die Sonne aufgehen und untergehen.
44. Wenn man mit einer Peitsche knallt, erreicht das Peitschenende Schallgeschwindigkeit.
45. Die Toilette auf der ISS kostete 14 Millionen Euro.
46. Zwingt dich ein Dieb dazu, Geld abzuheben, dann tippe deine Geheimnummer verkehrt herum ein. So wird die Polizei alarmiert.
47. Der Flug mit den meisten Passagieren an Bord war

1991 mit 1081 Menschen an Bord. Es wurden während des Fluges zwei Babys geboren.

48. Der erste Wecker konnte nur um 4 Uhr klingeln.
49. Der Akku eines MacBook kann dich vor einem Schuss aus einer Waffe retten. Er ist kugelsicher.
50. Ein Liter schwarze Tinte ist teurer als ein Liter menschliches Blut.
51. Sekundenkleber trocknet durch die Feuchtigkeit in der Luft. Da deine Haut immer etwas feucht ist, kannst du dir blitzschnell die Finger zusammenkleben.
52. Um das Internet auszudrucken, bräuchte man 136 Milliarden DIN-A4-Blätter.
53. Wrigley‘s Kaugummi war das erste Produkt mit einem Barcode.
54. 3000 inaktive und 2000 aktive Satelliten umkreisen die Erde.
55. Der Schnellzug Maglev erreichte bei einem Test mehr als 600 km/h.
56. Die NASA gab Marsuhren in Auftrag, da die Astronauten keine Lust hatten, ständig die korrekte Marszeit auszurechnen. Diese gingen 38 Minuten und 32 Sekunden nach.

Sport

Menschen sind zu vielem fähig. Werden sie bei sportlichen Wettbewerben angespornt, schaffen sie oft Verblüffendes.

1. 2002 rannte der Langstreckenläufer Tom Johnson 80 Kilometer in 5 Stunden und 45 Minuten und war schneller als sein Kontrahent, ein Pferd.
2. Aljona Savchenko, Eiskunstläuferin, ist mit 44 Kilo und 1,53 Metern die kleinste Sportlerin der Welt.
3. Mit 110 Runden und 7 Stunden fand der längste Boxkampf in der Geschichte statt.
4. Die Sportart Badminton hieß zu Beginn noch „Poona".

5. 1894 fuhr Cohen Kopchovsky mit dem Fahrrad rund um die Erde. Sie brauchte 15 Monate und erhielt als Preis 10.000 Dollar. Erst wenige Tage zuvor hatte sie das Fahrradfahren gelernt.
6. Die Fußball-WM 2022 wird unter anderem in einer Stadt stattfinden, die bis vor Kurzem nicht existierte, nämlich in Lusail in Katar.
7. Usain Bolt aß während der Olympischen Spiele in China ausschließlich Chicken Nuggets, da dies die einzige Mahlzeit war, die er von Zuhause kannte. Er gewann drei Goldmedaillen.
8. Der Boxring war früher rund. Die Zuschauer standen nämlich im Kreis um die Boxer und feuerten sie an.
9. Im Jahr 1923 gewann ein toter Reiter ein Pferderennen. Das Pferd trug den Toten, der einen Herzinfarkt hatte, bis ans Ziel.
10. Ein arbeitsloser Fußballprofi wird vom Arbeitsamt als Künstler geführt.
11. Muggsy Bogues ist mit 1,62 Metern der kleinste Basketballspieler aller Zeiten. Er spielte zusammen mit Manute Bolt, der 2,31 Meter groß ist.
12. Im Vatikan wohnen lediglich 932 Menschen, doch es gibt dort 16 Fußballmannschaften.
13. Die Sportart „Headis“ wird an einer Tischtennisplatte mit einem Fußball gespielt, den man bloß mit dem Kopf berühren darf.

14. In deinem Leben läufst du insgesamt circa viermal um die Erde.
15. An Dehydration ist in der Geschichte des Marathons noch kein Läufer gestorben. Es gibt jedoch viele Fälle, bei denen zu viel Wasser zum Tod führte.
16. Matt Stutzman traf auf 283,47 Meter ein Ziel mit Pfeil und Bogen und ist somit Rekordhalter. Und das, obwohl er Pfeil und Bogen mit den Füßen hält, da er aufgrund eines Unfalls keine Arme mehr hat.
17. Ein FKK-Fitnessstudio gibt es in Amsterdam.
18. Gus Waldorf boxte im Ring 1949 gegen einen Bären. Der Bär hatte allerdings Handschuhe und einen Maulkorb an und gewann schließlich den Kampf.
19. „Quidditch", die Sportart aus den Harry Potter Romanen, ist inzwischen anerkannte Sportart mit eigener Weltmeisterschaft.
20. Wer ein Höschen anhat, das an der Seite breiter als 3,5 Zentimeter ist, wird beim Beachvolleyball für Frauen disqualifiziert.
21. Von zwei gleichstarken Fußballmannschaften gewinnt meist die das Spiel, die die roten Trikots trägt.
22. Beim Limbo-Tanzen liegt der Weltrekord bei einer Lattenhöhe von 16,5 Zentimetern.
23. Satte 40 km/h schnell ist eine durchschnittliche

Laola-Welle im Stadion.

24. Laut FIFA-Regelbuch gibt es lediglich 17 Fußballregeln.
25. Die ersten Cheerleader in den USA waren Männer.
26. Ein dreißigminütiger Spaziergang am Tag schützt vor den meisten Zivilisationskrankheiten.
27. Dick Hoyt nahm mit seinem ganzkörpergelähmten Sohn Rick als „Team Hoyt“ am Iron Man teil. 3,7 Kilometer zog er ihn schwimmend in einem Boot, 180 Kilometer fuhr er ihn auf dem Fahrrad und schließlich schob er ihn noch 42 Kilometer joggend im Rollstuhl voran.
28. Nissan nutzt für Autorennen ausschließlich die Nummer 23 auf ihren Fahrzeugen, da auf Japanisch die 2 als „ni“ und die 3 als „san“ ausgesprochen wird.
29. Der Weltrekord im Liegestütz an einem Tag liegt bei 46.001.
30. Jährlich werden auf der Welt 100 Millionen Fahrräder hergestellt.
31. Mit Doping stehen fast alle der schnellsten 100-Meter-Sprints in Verbindung. Die neun Läufe ohne Doping wurden alle von Usain Bolt absolviert.
32. Der Erfinder des Joggings, James Fixx starb beim Joggen an Herzversagen.
33. Der Norweger Svein Grindalen, Nationalspieler, musste 1970 ein Spiel absagen, weil er mit einem

Elch zusammengestoßen war.

34. Im Jahr 2014 fiel erstmals das erste Tor in der Endrunde bei der WM als Eigentor.

35. Manche Perlentaucher schaffen es, vier bis sechs Minuten die Luft anzuhalten. Rekord sind 15 Minuten.
36. Bei der WM 1930 in Uruguay reisten die europäischen Teilnehmer 20 Tage lang mit dem Schiff an.
37. Die FIFA wollte 1942 die WM nach Deutschland geben.
38. Im 13. Jahrhundert spielte man schon Tennis. Damals spielte man es noch mit der flachen Hand.
39. Die erste Weltmeisterschaft für eine Sportart gab es im Billard im Jahr 1873.
40. In den Jahren 1912 bis 1948 fanden olympische Wettkämpfe in Architektur statt.
41. Oktopus-Wrestling ist eine in den 60ern beliebte Sportart gewesen, bei der ein Taucher mit einem Oktopus kämpfte.
42. Der HSV spielte 1976/77 in rosafarbenen Trikots.

Übernatürliche Phänomene

Hast du schon mal ein UFO gesehen? Glaubst du an Elfen oder wohnt bei dir ein Poltergeist? Du bist nicht allein!

1. Über 2/3 der Deutschen werden im Laufe ihres Lebens Zeuge einer Geistererscheinung.
2. In vielen Hochhäusern in China sind Löcher. Dies sind „Drachentore“. Drachen sollen nicht am Fliegen gehindert werden.
3. C. S. Lewis sagte: „Du hast keine Seele. Du bist eine Seele. Du hast einen Körper.“

4. 1835, als Mark Twain geboren wurde, erschien der Halley'sche Komet am Himmel. Als er 1910 starb, war der Komet wieder zu sehen.
5. Würden Aliens mit einem Teleskop die Erde betrachten, würden sie Dinosaurier sehen.
6. Methusalem soll laut altem Testament 969 Jahre gelebt haben.
7. Auf Island gibt es „Elfenbeauftragte", die prüfen, ob Elfen beim Bau eines Gebäudes gestört werden.
8. Die NASA möchte innerhalb der kommenden 20 Jahre die Frage klären, ob es außer uns noch Leben im Weltall gibt.
9. Die Steinriesen auf den Osterinseln wurden um 1200 nach Christus aus Vulkangestein gebaut. Sie sind 8 bis 20 Meter hoch und ähneln sich sehr. Wie und warum diese tonnenschweren Figuren gebaut wurden, ist unklar. Es gibt die Theorie, dass Außerirdische dabei halfen.
10. Als die Sterne im Urknall explodierten, wurden die Elemente der Erde geformt. Somit sind wir alle aus Sternenstaub.
11. Experten des Paranormalen sagen, dass man mit sieben Jahren Geister am besten sehen kann.

12. Frau Holle ist eine Verkörperung der skandinavischen Göttin Hel, der Todesgöttin. Beide Namen lassen sich auf den Holunder zurückführen. Erst mit Beginn des Christentums wurde Hel zur Spukgestalt, davor hatte sie friedliche Eigenschaften.
13. Tutanchamun bekam als Grabbeigabe 145 Unterhosen und lediglich 4 Socken mit.

Krankheiten und Ekliges

Wie fies ist das denn? Krankheiten, Körperflüssigkeiten und Co mit Ekelfaktor.

1. Ein Kuss, der 10 Sekunden dauert, tauscht 80 Millionen Bakterien aus.
2. Wenn man spricht, spuckt man 2,5 mikroskopisch kleine Tropfen bei jedem Wort.
3. Wenn ein Mann einen positiven Schwangerschaftstest macht, kann es sein, dass er Hodenkrebs hat.
4. Die alten Griechen aßen mit Vorliebe Spatzenhirn.
5. Verdophil bezeichnet die krankhafte Neigung, sich

ausschließlich in Verben zu unterhalten.

6. Wenn man das Niesen unterdrückt, kann ein Blutgefäß im Kopf platzen und man kann sterben.
7. Wer dendrophil ist, fühlt sich zu Bäumen hingezogen.
8. Im Essen von McDonalds wurden schon eine tote Ratte, ein Hühnerkopf und Verbandsmaterial gefunden.
9. Barbie hat die Maße 99-46-84 und wäre so nicht lebensfähig.
10. Du kannst einer Kakerlake den Kopf abschneiden und sie lebt noch ein paar Wochen weiter.
11. Unter Geniophobie versteht man die Angst, dass man ein unschönes Kinn hat.
12. Die Antibaby-Pille sollte früher eigentlich unfruchtbare Frauen fruchtbar machen.
13. In manchen Zahnpasten ist Frostschutzmittel enthalten.
14. Im 17. Jahrhundert aßen Skandinavier Eiscreme aus Walkot.
15. Deine Füße sondern täglich aus 500.000 Drüsen einen halben Liter Schweiß ab.
16. Die männliche Vorhaut lässt sich innerhalb von Tagen auf Fußballfeldgröße dehnen. Darum wird sie oft zur Hauttransplantation verwendet.
17. Einen Liter an Spucke und Rotz verschluckst du am Tag.

18. Lässt du deinen Penis operativ vergrößern, verwendet der Chirurg hierfür Fleisch aus deinem Unterarm.
19. Wer regelmäßig Popel isst, trainiert damit sein Immunsystem.
20. Europäer haben feuchten, gelben Ohrenschmalz. Der von Asiaten ist krümelig-trocken.
21. Ein Mensch hat einen Nährwert von 128.522 Kilokalorien.
22. Caligynephobie ist die Angst bei Männern vor schönen Frauen.
23. Leidet man am Capgras-Syndrom, glaubt man, Verwandte seien durch lebensechte Kopien ausgetauscht worden.
24. In einem Jahr verlierst du 1 Kilogramm Hautschuppen.
25. Wenn man knapp sieben Jahre am Stück pupst, kann man mit dem Gas eine Atombombe bauen.
26. Der Rekord im „Milch mit den Augen spritzen“ liegt bei 2,8 Metern.
27. Der erste Stuhl eines Neugeborenen heißt „Kindspech“, ist zäh und dunkel und besteht aus verschluckten Haaren, Haut und Galle.
28. Alle Bakterien deines Körpers wiegen zusammengezählt 2 Kilogramm.

29. Durch chronisches Husten oder schweres Heben kann sich die Scheide nach außen stülpen. Das nennt sich „Scheidenvorfall“.
30. In einem mittelgroßen, öffentlichen Schwimmbecken sind circa 75 Liter Urin enthalten.
31. Die Gehirnmasse eines Menschen ist nicht etwa fest – nein, sie ist butterweich, sie besteht zu 80 % aus Wasser.
32. Tigerhaijunge fressen sich im Leib der Mutter gegenseitig auf, um ihre Überlebenschancen zu erhöhen.
33. Im Mittelalter zog man von hingerichteten Menschen manchmal die Haut ab und stellte Lederwaren daraus her.
34. Die FDA (Behörde für Gesundheit in den USA) erlaubt zehn Insekten und 35 Fruchtfliegeneier pro 8 Unzen Rosinen. 150 Insektenkörper und fünf Nagetierhaare dürfen in 500 g Erdnussbutter enthalten sein.
35. Faultiere fressen gern Fäkalien aus Dixi-Klos.
36. Der Loa Loa (Augenwurm) dringt in den Körper ein und setzt sich hinter die Bindehaut, sodass er im Auge zu sehen ist.
37. In Frankreich werden pro Jahr circa 500 Millionen Weinbergschnecken verspeist.
38. Eine von fünf Bürotassen ist voll mit Fäkalbakterien.

39. Der Staub auf den Möbeln besteht zu 80 % aus Hautschuppen.
40. Die „Hausfrauenschokolade“, Pralinen, in denen die Droge Speed war, kam 1938 auf den Markt.
41. Lippenstift enthält Fischschuppen die ihn glänzend machen.
42. Du kannst dir beim Niesen eine Rippe brechen.
43. Taranteln essen? Ja! In Kambodscha im sogenannten Tarantula Kebab.
44. Zwischen 2009 und 2012 ermordete Alexander Bychkov neun Männer und aß sie auf, um seine Ex-Freundin zu beeindrucken.
45. Wenn du dir nie die Fingernägel schneidest, können sie eine Länge von 58 Metern erreichen.
46. Oliver Cromwell war bereits zwei Jahre tot, als man ihn erst hängte, dann köpfte.
47. Wenn du gerade innere Blutungen hättest, würdest du es überhaupt nicht merken, bis es zu spät ist.
48. Wenn du jetzt aufhörst zu atmen, bist du in 6 Minuten tot.
49. Von 1949 bis 1952 saß ein Toter im deutschen Bundestag.
50. Drückst du einen lebenden Schwamm durch ein Sieb, setzt er sich binnen Minuten neu zusammen.
51. Trimethylaminurie heißt eine Krankheit, bei der die Körperflüssigkeiten des Betroffenen nach Fisch riechen.

52. Unter dem sehr seltenen Werner-Syndrom versteht man die Krankheit, ab dem 30. Lebensjahr vorschnell zu altern. Meist sterben die Erkrankten bis zum 50. Geburtstag.
53. Beim Eigenbrauer-Syndrom produziert der Darm nach kohlenhydrathaltigen Speisen selbst Alkohol. Prost!
54. Wer vom Alien-Hand-Syndrom betroffen ist, versucht, sich im schlimmsten Fall selbst zu erwürgen. Die Hand macht einfach, was sie will.

Kriege und Geschichte

Früher war alles besser? Bestimmt nicht, zumindest nicht zu Kriegszeiten. Aber definitiv war vieles anders.

1. Alexander der Große maß gerade einmal 1,50 Meter.
2. Im Jahr 1947 gab es die „Hochsommerzeit“ in Deutschland. Die Uhren wurden um zwei Stunden vorgestellt.
3. Im 11. Jahrhundert wurde Tennis in französischen Klöstern erfunden.
4. Im Jahre 1893 war Neuseeland das erste Land der

Welt, in dem Frauen wählen durften.

5. „Exaudi“ ist der sechste Sonntag nach Ostern.
6. „Puff“ war früher ein Brettspiel, das in Bordellen gespielt wurde.
7. Als „Pornokratie“ bezeichnet man den Vatikan von 904 bis 964.
8. Ferntrauungen fanden im 2. Weltkrieg oft statt. Der abwesende Bräutigam wurde durch einen Stahlhelm ersetzt.
9. Die Royal Navy schreckt mit Liedern von Britney Spears somalische Piraten ab.
10. Im Persien der Antike besprach man Ideen zweimal. Einmal betrunken und einmal nüchtern. Wenn die Idee beide Male als gut erschien, wurde sie umgesetzt.
11. Bei der Parlamentswahl im Jahr 1945 durfte Churchill nicht abstimmen. Er stand nicht im Wählerverzeichnis.
12. Die Burg Weinsberg heißt auch „Weibertreu“ da die Frauen 1140 einen Mann auf ihrem Rücken aus der Burg trugen. König Konrad, der die Burg eingenommen hatte, gestattete allen Frauen, soviel mitzunehmen, wie sie tragen konnten.
13. Das Wort „Schule“ kommt von dem griechischen Wort für „Freizeit“.
14. Das älteste bewohnte Schloss ist Windsor Castle. Wilhelm der Eroberer kaufte 1078 das Terrain von

einem Mönch und baute dort ein Holz-Schloss.

15. Da die Prunksucht der Venezianer im 16. Jahrhundert so groß war, wurde schwarz als Farbe für die Gondeln festgelegt.
16. Die Entwicklung chemischer Drogen geht auf die Nazis zurück. Sie entwickelten Drogen, die einen Soldaten 55 Kilometer marschieren ließen.
17. Das Ulmer Münster hat den höchsten Kirchturm weltweit. Den höchsten Backsteinkirchturm hat die Martinskirche in Landshut, Bayern.
18. „Mit Kind und Kegel". Kegel ist ein mittelalterliches Wort für „Bastard" oder „uneheliches Kind".
19. Alaska wurde den USA 1867 von Russland für 7,2 Millionen Dollar verkauft.
20. Im Ersten Weltkrieg benötigte man Kamelhaar für die Kriegsindustrie in Deutschland. Als dieses knapp wurde, gab es einen Aufruf an Frauen, ihr Haar zu spenden.
21. Um Babys das Zahnen zu erleichtern, gab es in der Volksmedizin Deutschlands mal den Tipp: Man beiße einer Maus den Kopf ab und binde ihn dem Kind um den Hals.
22. Die Gebrüder Grimm waren gegen die Großschreibung von Substantiven in der deutschen Rechtschreibung.
23. Noch bis zum Zweiten Weltkrieg wurden psychisch kranke Menschen mit wochenlangen Vollbädern

behandelt.

24. Im April 1315 begann es in Europa zu regnen und der Regen dauerte bis zum November an.
25. Weihrauch diente im Mittelalter auch dazu, den Schweißgeruch der Menschen zu übertünchen.
26. Die BRAVO galt 1972 als jugendgefährdend, da Dr. Sommer erklärt hatte, dass Selbstbefriedigung weder schwul noch unfruchtbar noch krank macht.
27. 1977 wurde der Sport-BH erfunden. Er bestand aus zwei Hodenschützern.
28. Lenin besaß 9 verschiedene Rolls-Royce.
29. Ein Moment ist eine Zeiteinheit aus dem Mittelalter. Er entspricht 90 Sekunden, somit hat eine Stunde 40 Momente.
30. 1906 wurde ein Mann mit dem Namen Joe Munch zu einer Freiheitsstrafe von 1 Minute verurteilt.
31. Frauen, die im Mittelalter meckerten oder lästerten, wurden Metallspitzen in den Mund gesteckt und mit einem Gurt befestigt.
32. Der kürzeste Krieg der Geschichte dauerte 38 Minuten und fand 1896 zwischen England und Sansibar statt.
33. In den 1930ern gab es NIVEA auch als Zahnpasta.
34. Der längste Krieg der Geschichte dauerte 365 Jahre zwischen den Niederlanden und den Scilly-Inseln. Er endete im Jahr 1986.
35. Albert Einstein lehnte das Angebot, israelischer

Staatschef zu werden, ab.

36. 1825 legte König Ludwig von Baiern fest, dass man das Land mit y schreiben muss. Er wollte damit Tribut an Griechenland zollen, das er sehr liebte.
37. Der 100-jährige Krieg zwischen England und Frankreich dauerte von 1337 bis 1453.
38. Durchschnittlich waren die Soldaten in Vietnam 19 Jahre alt.
39. Hitler, Mussolini und Stalin wurden alle drei für den Friedensnobelpreis nominiert, von 1935 bis 1948.
40. In den 1920ern gab es den Beruf des Weckers, der von Haus zu Haus ging und die Kunden weckte, da es noch keine Weckuhren gab.
41. Im Jahr 1960 gab es eine Zigarettenwerbung, in der ein Arzt erklärte, Rauchen habe gesundheitliche Vorteile.
42. Das Salutieren der Soldaten stammt aus dem Mittelalter, als die Visiere hochgeklappt werden mussten, um das Gesicht zu zeigen.
43. Dresdner Christstollen wurde zum ersten Mal 1474 auf einer Rechnung erwähnt.
44. Drei verschiedene Präsidenten an nur einem Tag gab es in Mexiko.
45. Der letzte König des großfriesischen Reiches hieß Poppo.
46. Im alten Ägypten wurden Katzen mit Mausmumien

beerdigt.

47. Harald Blauzahn, ein Wikingerkönig, war Namensgeber für Bluetooth.
48. Würde eine heutige Atombombe in London explodieren, würden durch den Druck sogar Fenster in Berlin bersten.
49. Die V2-Rakete der Nazis führte zu dreimal so vielen Todesopfern unter den Erbauern wie unter den Bombardierten.
50. Österreich schaffte als erstes Land die Todesstrafe ab, im Jahr 1787.
51. Ein Wiener Bäcker erfand das Croissant aus Freude über einen Sieg gegen die Türken.
52. Sigmund Freud hatte Angst vor Fahnen.
53. Auf seinen Bart schwor Otto der Große alles, was er sagte. Er war Kaiser des Heiligen Römischen Reiches.
54. Leonardo da Vinci war ein Vegetarier. Er kaufte Vögel in Käfigen und ließ sie frei. Das galt zu seiner Zeit als reichlich seltsam.
55. Der letzte Mohikaner starb in Wirklichkeit 1933.
56. Im Mittelalter war „Computer" eine Bezeichnung für Menschen, die langwierige Berechnungen vornahmen.
57. Rainer Maria Rilkes Mutter zog ihren Sohn bis zum sechsten Lebensjahr wie ein Mädchen auf und nannte ihn Sophie.

58. Der „Gombe Chimpanzee War“ (1974–1978) ist ein blutiger Konflikt zwischen zwei Affenclans in Gombe, Tansania, der in die Geschichte einging. Es geschahen Kidnappings und es gab Tote.
59. Der 11. April 1954 gilt als langweiligster Tag der Geschichte, an dem einfach nichts Wichtiges passierte.
60. Während eines Krieges werden mehr Jungen als Mädchen geboren. Das nennt sich „Returning Soldier Syndrom“. Den Grund hierfür kennt man noch nicht.
61. Bill Murray und John Travolta lehnten die Rolle des Forrest Gump ab.
62. Versailles besaß 2000 Zimmer und eine Toilette.
63. Die Idee des Wochenendes geht auf Henry Ford zurück. Er gab seinen Mitarbeitern samstags und sonntags frei, damit sie mehr Zeit mit ihrem Auto verbringen konnten.
64. Nachdem Stalin von dem missglückten Selbstmordversuch seines Sohnes erfahren hatte, sagte er: „Nicht einmal gerade schießen kann er!“
65. In Frankreich stehen 800 alte Schlösser leer, die man kaufen kann.
66. Abdul Kassem Ismael war ein persischer Großwesir. Seine gesamte Bibliothek führte er immer auf 400 Kamelen mit, die in alphabetischer Reihenfolge laufen mussten.

67. In den USA sterben seit 2012 mehr Soldaten durch Selbstmord als im Gefecht.
68. Ketchup wurde ab 1830 als Medizin verkauft.
69. Früher trugen Piraten Augenklappen, damit ein Auge immer ans Dunkel unter Deck gewöhnt war.
70. Ihre Augenbrauen rasierten sich die alten Ägypter zum Zeichen der Trauer ab, wenn ihr Katze starb.
71. Napoleons Penis wurde 1977 zum ersten Mal versteigert.
72. Eau de Cologne war früher ein Mittel gegen die Pest.
73. Im alten Babylon hatten Frauen mindestens einmal in ihrem Leben Sex in einem Tempel mit einem Fremden.
74. Menschen, die gegen Tiere kämpften, hießen im alten Rom „Bestiarii". Menschen, die gegen Menschen kämpften, hießen Gladiatoren.
75. Die Inka waren eine hoch entwickelte Kultur und regierten ein riesiges Reich. Doch sie hatten kein Geld. Sie erhielten ihren Lohn in Form von Lebensmitteln.
76. Lady Peseshet ist die erste bekannte Ärztin der Welt. Sie lebte in Ägypten zu der Zeit, als die Pyramiden gebaut wurden – in der 4. Dynastie.
77. Napoleon Bonaparte hatte Angst vor Katzen.
78. Friedrich der Große ließ sich seinen Kaffee an Festtagen mit Champagner kochen.

79. Der Mann, der als erster die Niagarafälle in einem Fass hinunterfuhr, starb später, weil er auf einer Bananenschale ausrutschte.
80. Simone de Beauvoir und ihr Mann Jean-Paul Sartre waren mit Che Guevara befreundet.
81. Pippi Langstrumpf wurde 1945 veröffentlicht. Und der Zweite Weltkrieg ging zu Ende.

Promis und Fernsehen

Was du über Promis schon immer, oder noch nie wissen wolltest...

1. Justin Bieber liebt die Musik von Helene Fischer.
2. Auf dem Plakat zu Scary Movie 4 ist ein Affe zu sehen, der gar nicht im Film vorkommt.
3. „Weightless“, ein Lied der englischen Band Marconi, ist der meist entspannende Song der Welt. Ängste und Sorgen der Probanden sanken um 65 %.
4. Die Freundin von Edward Snowden ist Stripperin.

5. In der Kussszene von Harry Potter und Hermine musste Rubert Grint, der Ron darstellt, das Set verlassen, da er nicht aufhören konnte, zu lachen.
6. Die Figur „Bambi“ ist ein Weißwedelhirsch, kein Reh.
7. Mozart komponierte mit vier Jahren sein erstes Klavierkonzert.
8. Die Band „Die Toten Hosen“ hat auf dem Düsseldorfer Südfriedhof ein Grab für 17 Menschen gemietet, um sich selbst zusammen mit engen Freunden dort beerdigen zu lassen.
9. Die Synchronstimme Bart Simpsons in Deutschland ist eine Frau.
10. Für sein Mitwirken im Film „Sieben Jahre in Tibet“ erhielt Brad Pitt lebenslanges Einreiseverbot in die Volksrepublik China.
11. Da Harrison Ford sich für die Umwelt einsetzt, wurden schon eine Ameisenart und eine Spinnenart nach ihm benannt.
12. Jason Everman flog bei Nirvana und Soundgarden raus und wurde 1994 Soldat der Navy.
13. Der Philosoph Descartes hatte einen Fetisch für schielende Frauen.
14. Silvio Berlusconi war nach seinem Studium Staubsaugervertreter.
15. Papst Benedikt schenkte seinem Bruder 2007 zu Weihnachten einen elektrischen Fußwärmer.

16. Joanne K. Rowling hat eigentlich keinen zweiten Vornamen.
17. Weil Liz Taylor sich immer wünschte, zu spät zu ihrer Beerdigung zu kommen, begann diese mit einer Viertelstunde Verspätung.
18. Lady Gaga ist die Patentante der beiden Kinder von Elton John.
19. Alfred Hitchcocks Bauchnabel wurde bei einer OP entfernt.
20. George W. Bush hat bis heute 250 signierte Baseballs gesammelt.
21. Auf dem Ortseingangsschild von Kurt Cobains Geburtsstadt steht: „Come as you are".
22. Die Seite RTL NOW kann man auch über RTL NAU aufrufen.
23. Telly Savalas und Louis Armstrong starben beide an ihrem Geburtstag.
24. Sechs verschiedene Katzen spielten Datas Katze Spot im Raumschiff Enterprise.
25. Jedes Mal, wenn Beethoven komponierte, kippte er sich ein bisschen Eiswasser über den Kopf.
26. Das Geräusch, das E. T. beim Laufen macht, wurde gemacht, indem man Götterspeise zerdrückte.
27. Bugs Bunny hieß, als er 1934 erschien, noch Happy Rabbit.

28. Der Darsteller von Al Bundy, Ed O´Neill, praktiziert die Kampfsportart Brazilian Jiu-Jitsu und erhielt nach 14 Jahren Training den schwarzen Gürtel.
29. Tiffany ist der zweite Vorname von Richard Gere.
30. Der Vater von Charlie Brown war Friseur.
31. Veronica Ferres wurde bei 12 Schauspielschulen abgelehnt.
32. Wayne Allwine und Russi Taylor, die Micky und Minnie Mouse ihre Stimmen gaben, waren im echten Leben verheiratet.
33. Günther Jauchs Ur-ur-ur-urgroßvater unterschrieb Karl Marx‘ Geburtsurkunde.
34. Christiano Ronaldo hat die meisten Follower auf Instagram.
35. Als Grace Kelly einen tödlichen Unfall hatte, lag sie für kurze Zeit in einem selbst gestifteten Krankenhaus.
36. Bruce Willis wurde in Deutschland geboren, nämlich in Idar-Oberstein, Rheinland-Pfalz.
37. Udo Lindenberg spielte das Schlagzeug in der Tatort-Melodie.
38. Der Rapper „50 Cent“ ist in Simbabwe als „400 Millionen Dollar“ bekannt.
39. Im Irak wurde ein Denkmal für einen Menschen errichtet, der einen Schuh auf George W. Bush warf.
40. In einem Sandkasten entwarf Napoleon Schlachtpläne.

41. Elton John heißt mit richtigem Namen Reginald Dwight.
42. Wolfgang Amadeus Mozart schrieb einen sechsstimmigen Kanon mit dem Namen „Leck mich am Arsch“.
43. US-Präsident Theodore Roosevelt hatte fünf Meerschweinchen. Sie hießen „Admiral Dewey“, „Dr. Johnson“, „Bob Evans“, „Bishop Doan“ und „Father

O´Grady“.

44. Papst Franziskus ist Ehrenmitglied beim Fußballverein 1860 München.
45. Queen Elizabeth ließ sich mit 18 Jahren zur Automechanikerin und Kraftfahrerin ausbilden, noch während des 2. Weltkrieges.
46. Das Gerücht, dass Albert Einstein schlecht in Mathe war, ist falsch. In der Schweiz, wo er seinen Abschluss machte, ist nämlich die 6 die Note „sehr gut“ und die 1 die schlechteste Note.
47. Eine Programmiersprache aus Zitaten von Arnold Schwarzenegger heißt ArnoldC.
48. Rowan Atkinson, der Darsteller von Mr. Bean, hat einen Abschluss in Elektrotechnik.
49. Der Sohn von Stephen Hawking, Tim, manipulierte den Voice Recorder seines Vaters manchmal mit Schimpfwörtern.

50. Muhammad Ali hat einen Stern auf dem Walk of Fame. Allerdings wollte er, dass dieser an einer Hauswand angebracht wird, damit Menschen nicht auf ihm herumtrampeln können.
51. Coco Chanel wohnte 37 Jahre lang im Hotel Ritz in Paris.
52. Der Schauspieler Nicholas Cage hat sein eigenes Grab, eine Pyramide in New Orleans, schon gekauft.
53. Adele hatte bei ihrem ersten Festivalauftritt 2007 nach eigenen Angaben drei bis vier Zuschauer.
54. Der Fußballer Miroslav Klose lernte seine Frau Sylwia im Fanshop des 1. FC Kaiserslautern kennen.
55. Elvis gab nicht ein einziges Mal eine Zugabe. Wenn er die Bühne verließ, hieß es: „Elvis has left the building" (Elvis hat das Gebäude verlassen).
56. Als Charlie Chaplin selbst an einem Doppelgänger Wettbewerb teilnahm, verlor er.
57. Robert Zimmerman ist Bob Dylans richtiger Name.
58. George W. Bush war in seiner Jugend ein Cheerleader.
59. Madonna leidet unter Astraphobie, der Angst vor Donner.
60. Churchill wurde auf der Damentoilette während einer Tanzveranstaltung geboren.
61. Der Erfinder der Glühbirne, Thomas Edison, hatte Angst im Dunkeln.

62. Das Krümelmonster heißt eigentlich Sid.
63. Die Queen besitzt keinen Pass. Bei ihr reicht die mündliche Bestätigung ihrer Identität.
64. Jean-Claude van Damme, Schauspieler in zahlreichen Actionfilmen, tanzte im Alter von 16 Jahren Ballett.
65. Michelle Hunziker kam mit zwei Rippen zu viel, nämlich mit 14 Rippen, auf die Welt. Bei einer Operation wurden zwei entfernt.
66. Elton John gab sich selbst den Spitznamen „Hercules", jedoch nicht nach griechischem Vorbild, sondern nach dem Pferd in einer Sitcom von 1962, „Steptoe and Son".
67. Im Film Herr der Ringe sind die Hälfte der Reiter von Rohan Frauen, die mit Bärten ausgestattet wurden. Da Frauen oft besser reiten können.
68. Die „Ewoks" im Film Star Wars sind dem Familienhund von George Lucas nachempfunden.
69. Daniel Radcliffe trägt in der Öffentlichkeit oft dieselbe Kleidung, um Paparazzi zu ärgern.
70. Auf Suaheli heißt Löwe Simba, wie der kleine Löwe in „König der Löwen".
71. Werden Souvenirs mit William und Cate vermarktet, muss Cate entgegen der Tradition zuerst genannt werden, um die Abkürzung WC zu vermeiden.
72. Hape Kerkeling spielte einst in der Schülerband

„Gesundfutter“, die sogar ein Album herausbrachte.

73. Pamela Andersons Vater hat einen IQ von 130 und ist Mitglied eines Hochbegabtenvereins.
74. Angela Merkel saß in der Sauna, als die Mauer fiel.
75. Lady Gaga hat „Just Dance“ und „Born this Way“ in 10 Minuten geschrieben.
76. Donald Trump besitzt 18 Golfplätze auf der ganzen Welt.
77. P!nks richtiger Name ist Alecia Beth Moore.
78. Eminems Lied „Loose Yourself“ erhielt als erster Rap Song einen Oscar. Allerdings nahm Eminem ihn nicht persönlich entgegen, da er beim Cartoons-Schauen mit seiner Tochter eingeschlafen war.
79. Britney Spears liebt angeblich Duftkerzen mit Vanillearoma.
80. Der Geburtstag von Homer Simpson ist am 12. Mai 1956.
81. One Direction-Sänger Harry Styles hat, nach eigener Aussage, vier Brustwarzen.

Unnützes Wissen

Und zum Schluss all das, was du garantiert nie wieder vergisst!

1. Auf der Erde leben genauso viele Hühner wie Menschen.
2. Nach Nährstofftabelle ist der Bedarf an Vitamin B6 nach 1,3 Kilogramm Nutella abgedeckt.
3. In einen Teelöffel passen 120 Tropfen Wasser.
4. Aus den Buchstaben des Wortes Regierung kann man die Wörter „Genug Irre“ bilden.
5. Fünf verschiedene Gehirnregionen benutzt du, um einen Witz zu verstehen und darüber zu lachen.
6. Ins Spanische übersetzt heißt „Colgate“: „Häng dich auf“.

7. Die meisten Autos werden an Neujahr gestohlen.
8. Die meisten Arbeitsunfälle passieren montags.
9. Die Freiheitsstatue hat große Füße und Schuhgröße 3500.
10. Ein japanischer Designer hat eine Milchpackung erfunden, die die Farbe wechselt, sobald die Milch schlecht geworden ist.
11. Das niederländische Wort für „vermieten" ist „verhuren".
12. Der Hahn auf der Packung von Kellogg's Cornflakes heißt Cornelius.
13. Mit „Zetermordio!" wurden im Mittelalter Gerichtsverhandlungen über Raub, Mord oder Vergewaltigung eröffnet.
14. Ein Supermarkt in Deutschland hat circa 40.000 Artikel im Angebot.
15. Meister Proper heißt in Spanien Don Limpio, Herr Sauber.
16. Der Kölner Dom hat die Hausnummer 4.
17. In Deutschland kommen Kinder immer seltener als „Sonntagskinder" an Sonntagen zur Welt, da Kliniken Geburten lieber unter der Woche abwickeln.
18. Der erste McSki, ein Drive-in für Skifahrer, wurde 1990 in Schweden eröffnet.
19. Die meisten Toilettenspülungen spülen in E-Dur.
20. Auch Krankenwagen müssen laut

Straßenverkehrsordnung einen Verbandkasten an Bord haben.

21. Eine Pizza mit dem Radius z und der Dicke a hat das Volumen: Pi x z x z x a.
22. In jeder Sekunde sterben zwei Menschen und vier werden geboren.
23. Penisland.de ist die Internetadresse von Pen Island Pens.
24. In Schweden heißen Handys „Ficktelefon".
25. Wenn man etwas über das Gähnen liest, muss man selbst gähnen.
26. Es gibt eine Frau die Marihuana Pepsi Jackson heißt.
27. 10 Meter unter Wasser kann man nicht mehr pupsen.
28. 83 % aller Frauen würden ein Jahr lang auf Sex verzichten, wenn sie dafür 100.000 Euro bekämen.
29. Weniger Löcher sind tatsächlich in einem Netz, wenn du ein Loch hineinschneidest.
30. „Dreh mal am Herd" heißt rückwärts „Dreh mal am Herd".
31. Wenn Paare sich gegenseitig freiwillig den Hintern versohlen, bringt sie das einander wieder näher.
32. Den Kopf gegen eine Wand zu hauen, verbrennt bestenfalls 150 Kalorien.
33. Ein Säugling kann durch die Venen eines Blauwals schwimmen.

34. Der produktivste Arbeitstag der Woche ist der Dienstag.

35. In deinem Leben produzierst du so viel Speichel, dass sich damit ein Swimmingpool füllen lässt.
36. Die Kinder, die mit den Nationalspielern zu einem Spiel einlaufen, wählt zum Teil McDonalds aus.
37. In der Kontonummer des katholischen Kirchensteueramtes kommt die Zahlenfolge 666 vor.
38. 40 % aller Mandeln auf der Erde werden von Schokoladenfabrikanten genutzt.
39. Mexikanische Springbohnen hüpfen in der Pfanne, weil eine Mottenlarve im Inneren den Samen in eine kühlere Umgebung bewegen will.
40. Während deines Lebens verbringst du durchschnittlich 38 Tage mit Zähneputzen.
41. Ronald McDonald wird in Japan Donald McDonald genannt, da die Aussprache einfacher ist.
42. Das Textilpflegeetikett ist der Zettel in deinem T-Shirt, auf dem die Waschhinweise stehen.
43. Im Jahr 2010 wurde der 100. Brunnen im Vatikan eingeweiht.
44. Am meisten Oralsex bekommen Männer von 20 bis 30 Jahren.
45. Der Papst bezieht kein Gehalt.
46. Der Plastikring an Milchpackungen, der zum Ausguss dient, heißt „Light Cap“.
47. Im Jahr 1980 stand in den Gelben Seiten ein Leichenschauhaus bei „Tiefkühlkost“.

48. Die heilige Rita ist Schutzpatronin der Wursthersteller.
49. Der Erfinder des „Furzkissens“ wurde später hingerichtet.
50. Die kleinste Zahl, die man durch alle Zahlen von 1 bis 10 dividieren kann, ist die 2520.
51. Dr. Oetker heißt mit Vornamen August.
52. Studien haben ergeben, dass man seine Ehe stärkt, wenn man zusammen den Weihnachtsbaum dekoriert.
53. Nike ist die meistgefälschte Marke auf der Welt.
54. Täglich verliert der Mensch bis zu 200 Haare.
55. Der G-Punkt ist nach einem deutschen Gynäkologen namens Ernst Gräfenberg benannt.
56. Die Cornflakes Verpackung hat mehr Nährstoffe als die Cornflakes selbst.
57. Jährlich werden 130 Millionen Kilo Mon Chérie verzehrt.
58. 12 Neugeborene werden täglich falschen Eltern gegeben.
59. Das Patent für geschnittenes Brot bekam einst eine Mutter von fünf Kindern.
60. Es gibt eine Behandlungsmethode, mit der man seine Augen blau färben kann.
61. 1974 reisten mehr Engländer in die DDR als nach Griechenland.

Bonus

100 SCHERZ- UND FANGFRAGEN

Die Antworten findest du im anschließenden Kapitel.

1. Wie lange dauerte der 30-Jährige Krieg?
2. Manche Monate haben 30, andere 31 Tage. Wie viele Monate haben 28 Tage?
3. Ein Bauer besitzt 17 Schafe. Fast alle sterben, außer 9. Wie viele Schafe bleiben dem Bauern übrig?
4. Du hast eine gefüllte Streichholzschachtel und kommst in einen Raum, in dem bloß eine Petroleumlampe, ein Kohleofen und ein Kamin stehen. Was zündest du zuerst an?
5. Du bist Busfahrer. An der ersten Haltestelle steigen 4 Leute ein. An der nächsten steigen 3 ein und 6 aus. An der nächsten Haltestelle steigt eine Mutter mit Kind ein. Wie alt ist der Busfahrer?

6. Was antwortet in allen Sprachen, spricht ohne Mund und hört ohne Ohren?
7. Wie nennt man die Steigerung von Buchstabensuppe?
8. Welche Vögel legen keine Eier?
9. In welchen Zug passt nur ein Mensch?
10. Wie kastriert man einen Kühlschrank?
11. Was fängt mit Z an und schwimmt in einem See?
12. Wie heißt der Gott der Kölner mit nur einem Buchstaben?
13. Wo liegt der Karpaltunnel?
14. Wie heißt ein Bumerang, der nach dem Werfen nicht zu dir zurückkommt?
15. Was ist grün und läuft durch den Wald?
16. Was ist durchsichtig und läuft hinterher?
17. Was ist falsch daran?
18. Was ist 12 Zentimeter lang und macht dick?
19. Wie kann man auf Wasser gehen?
20. Welche Haarfarbe haben die alten Römer?
21. Was hat vier Buchstaben, fängt mit Po an und man kann darauf sitzen?
22. Welcher ist der gefährlichste Tag für ein U-Boot?
23. Was hassen Fische?
24. Warum können Geister so schlecht lügen?
25. Was ist schwerer? Ein Kilo Wasser oder ein Kilo Milch?

26. Was passiert mit einem Engel, der in einen Misthaufen fällt?
27. Wie viele Erbsen passen in ein leeres Glas?
28. Wer knurrt, beißt aber nie?
29. Wer hat Hühneraugen am Kopf?
30. Wovon wird auch der stärkste Mann überwältigt?
31. Warum darf eine Frau, die in Köln lebt, nicht in Düsseldorf begraben werden?
32. Welches ist das reichste Tier?
33. Was macht eine Bombe im Bordell?
34. Was kommt heraus, wenn man einen Igel und eine Giraffe kreuzt?
35. Warum fliegen Vögel im Winter in den Süden?
36. An welcher Angst leiden Luftballons?
37. Wie nennt man eine Nudel, die zwischen den Zähnen hängt?
38. Weißt du, wer ein aufreibendes Leben führt?
39. Was macht 999 Mal „klick" und einmal „klack"?
40. Was ist Güisqui?
41. Ein Schüler sagt zu seinem Lehrer: „Entschuldigung, die Aufgabe auf Seite 83 kann ich nicht machen, denn die Seite 84 in meinem Buch fehlt!" Kann das die Wahrheit sein?
42. Welches ist das stärkste Tier?
43. Welcher Mann wird in der Sonne immer kleiner?
44. Was hat keine Füße und läuft trotzdem oft?
45. Warum summt die Biene?

46. Loch an Loch und hält doch: Was ist das?
47. Was macht den Schmerz so unangenehm?
48. Ein Großwildjäger wurde von einem Urwaldstamm gefangen genommen. Der Medizinmann erklärt: „Wenn du es schaffst, deinen Hut irgendwo aufzuhängen und dann mit verbundenen Augen ein Loch hineinschießt, bist du frei." Der Jäger überlegt kurz, dann weiß er, was er machen muss. Was macht er?
49. Auf welcher Straße ist noch niemand gefahren?
50. Was ist der Unterschied zwischen einem Bäcker und einem Teppich?
51. Wer lebt von der Hand in den Mund?
52. Was ist vor dem Waschen sauber und nach dem Waschen schmutzig?
53. Welche Leiter nützt der Feuerwehr nichts?
54. Wer lebt vom Rauch?
55. Wer hat 21 Augen und kann nicht sehen?
56. Welche Kehle ist immer stumm?
57. Welche Enten trinken manchmal Bier?
58. Welche Kunden werden im Geschäft nicht bedient?
59. Welcher Bus überquerte als erster den Ozean?
60. Welche Nation hat keine Bürger?
61. Welches Kino kommt ganz ohne Sitzplätze aus?
62. Was behandelt der Arzt und berechnet ein Mathematiker?
63. Was trägt eine Brille und kann nicht sehen?

64. Welche Schrift kann jeder Postbote lesen?
65. Was tut eine Reinigungskraft wohl als Erstes in der Wüste?
66. Welche Pillen werden nicht von einem Arzt verordnet?
67. Welches sind die fünf Sinne?
68. Wie viele Geburtstage hat ein Mensch durchschnittlich?
69. Welches Fieber können Ärzte nicht messen?
70. Wer wirft mit Geld um sich?
71. Ein Huhn hat in 12 Tagen 3 Eier ausgebrütet. Wie lange braucht es, um 4 Eier auszubrüten?
72. Du weißt, dass die Bewohner von Toujours immer lügen, die Einwohner von Jamais nie? Du triffst einen Menschen, der aus einer der Städte kommt. Wie findest du heraus, woher er kommt?
73. Max wird 20 und lädt seine Freunde zum Geburtstag ein. Auf der Einladung steht: Ich lade euch herzlichst zu meinem 5. Geburtstag ein! Macht Max Witze?
74. In der Großküche eines Hotels haben sich 5 Mäusemütter mit ihren jeweils 6 Jungen eingenistet. Wie viele Füße rennen durch die Küche, wenn der Chefkoch Mäuse fangen will?
75. Wieviel Eier gehen in eine Eierschachtel?
76. Auf welcher Weide grast keine Kuh?
77. Was ist das Gegenteil von Reformhaus?

78. Was ist Tierquälerei?
79. Welcher Hahn kann nicht krähen?
80. Was ist aller Laster Anfang?
81. Was ist ein Seeräuber, der sich nie wäscht?
82. Was macht eine Wolke, wenn es sie juckt?
83. Was bestellen Maulwürfe im Restaurant?
84. Wo macht ein Skelett wohl Urlaub?
85. Was ist klein, fliegt in der Luft und macht mus, mus, mus?
86. Was ist gelb und kann nicht auf Bäume klettern?
87. Warum springt der Frosch in den Teich, wenn es regnet?
88. Was sagt der große Stift zum kleinen Stift?
89. Was steht mit Geweih auf dem Kopf im Wald und macht „muh"?
90. Welches Brot kannst du nicht zum Frühstück essen?
91. Wer hat viele Zähne, jedoch keinen Mund?
92. Welcher Stuhl bewegt sich tags und nachts auf und ab?
93. Was ist beim Kamel klein und bei der Maus groß?
94. Welches Tier steckt im Kaffee?
95. Was wird beim Trocknen nass?
96. Ein Mann fällt aus einem Fenster eines Wolkenkratzers und ihm passiert nichts. Kann das sein?
97. Wo geht man durch ein Loch hinein und durch zwei

wieder raus?

98. Was muss man tun, bevor man aus dem Auto steigen kann?

99. Wie oft kann man die 1 von der 17 abziehen?
100. Was passiert mit einem weißen Stein, wenn man ihn ins Rote Meer wirft?

ANTWORTEN

1. 30 Jahre
2. Alle.
3. 9 Schafe.
4. Ein Streichholz.
5. So alt wie du. (der Befragte)
6. Das Echo.
7. Der Wörther-See.
8. Männliche Vögel.
9. In den Anzug
10. Tür auf, Eier raus, Tür zu!
11. Zwei Enten.
12. J. (Jott)
13. Das ist der Tunnel im Knochen der Hand, durch den Nerven und Sehnen verlaufen.
14. Holzstock
15. Ein Rudel Gurken.
16. Das Gurkenglas
17. Gurken sind keine Rudeltiere.
18. Duplo.
19. Man wartet, bis es friert.
20. Grau.

21. Ein Pony.
22. Tag der offenen Tür.
23. Antischuppenshampoo.
24. Weil man sie gut durchschauen kann.
25. Beides wiegt ein Kilo.
26. Er bekommt Kotflügel.
27. Eine, dann ist das Glas nicht mehr leer.
28. Der Magen.
29. Das Huhn.
30. Der Schlaf.
31. Lebendige Menschen begräbt man doch nicht.
32. Das Sparschwein.
33. „Puff!"
34. Die größte Zahnbürste der Welt.
35. Zum Laufen ist es zu weit.
36. An Platzangst.
37. Zahnpasta
38. Der Radiergummi
39. Ein Tausendfüßler mit einem Holzbein.
40. Das spanische Wort für Whiskey.
41. Nein, denn Seite 83 und Seite 84 sind stets auf einem Blatt.
42. Die Schnecke, sie kann ein Haus tragen.
43. Der Schneemann.
44. Deine Nase.
45. Weil sie den Text nicht kann.
46. Die Kette.

47. Das „m“, sonst wäre es ein Scherz.
48. Er hängt seinen Hut vorn an sein Gewehr.
49. Auf der Milchstraße.
50. Der Bäcker muss morgens um 4 Uhr aufstehen, der Teppich kann liegen bleiben.
51. Der Zahnarzt.
52. Das Wasser.
53. Die Tonleiter.
54. Der Schornsteinfeger.
55. Der Würfel.
56. Die Kniekehle.
57. Studenten.
58. Sekunden.
59. Kolumbus.
60. Die Kombination.
61. Das Daumenkino.
62. Brüche.
63. Die Toilette.
64. Die Anschrift.
65. Staubsaugen.
66. Die Pupillen.
67. Unsinn, Blödsinn, Irrsinn, Wahnsinn, Schwachsinn.
68. Einen!
69. Lampenfieber.
70. Der Scheinwerfer.
71. 12 Tage!

72. Stell eine unsinnigere Frage (Bist du ein Dinosaurier?) oder eine Frage, die du überprüfen kannst (Regnet es gerade?)
73. Nein, er ist am 29. Februar geboren.
74. Zwei Füße! Mäuse haben Pfoten.
75. Eier können nicht gehen.
76. Auf der Augenweide.
77. Reh hinterm Haus.
78. Wenn man einer Schlange Viagra gibt.
79. Der Wasserhahn.
80. Die Stoßstange.
81. Ein Meerschweinchen.
82. Sie sucht einen Wolkenkratzer.
83. Ein 5-Gänge-Menü.
84. Am Toten Meer.
85. Eine Biene im Rückwärtsgang.
86. Das Postauto.
87. Weil er nicht nass werden will.
88. Wachsmalstift.
89. Ein Hirsch der Fremdsprachen lernt.
90. Das Abendbrot.
91. Die Säge.
92. Der Fahrstuhl.
93. Das „m".
94. Der Affe.
95. Das Handtuch.
96. Das Fenster war im Erdgeschoss.

97. Bei der Hose.
98. Einsteigen.
99. Einmal, danach ist es schon die 16.
100. Er wird nass.

Felix Becker wird vertreten durch Mark Stellnberger
Kontakt: Mark Stellnberger, Pixelstudio
Austraße 27, 6063 Rum, Österreich

E-Mail: info@pixel-studio.org

Der Text wurde erstellt von
Büromüsli UG
Berumer Straße 44

D-26844 Jemgum

Printed in Poland
by Amazon Fulfillment
Poland Sp. z o.o., Wrocław

64591656R00087